もくじと学しゅうの記ろく

本書に関する最新情報は，当社ホームページにある**本書の「サポート情報」**をご覧ください。（開設していない場合もございます。）

1 くわしく する ことば

標準クラス

答え べっさつ1ページ

1 つぎの 文を 読《よ》み、絵《え》を 見て とい に 答《こた》えましょう。

しっぽの 大きな きつねが 赤い ぼうし を ちょこんと かぶり ました。

(1) きつねは どんな きつねですか。

(　　　　　) きつね

(2) どんな ぼうしを かぶりましたか。

(　　　　　) ぼうし

(3) どのように ぼうしを かぶりましたか。

(　　　　　) かぶりました。

2 絵を 見て、ようすを くわしく 書《か》き ましょう。

(1)

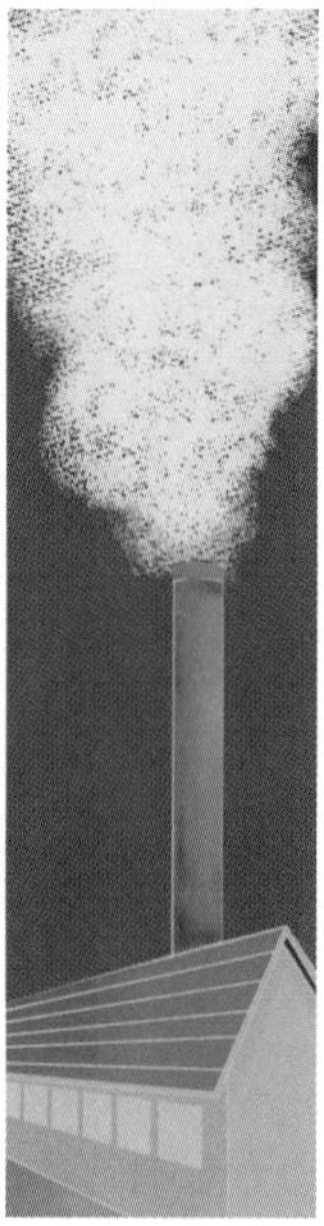

どんな (　　　　　) けむりが

どのように (　　　　　) 出て います。

(2)

どんな (　　　　　) 石が

どのように

（　　　　）

ころがって　います。

3 □の　中に　どの　ことばを　入れると、ようすが　よく　わかる　文に　なりますか。あとの　⬚から　えらんで　書き入れましょう。

(1) □　風《かぜ》が　ふく。

(2) □　花が　さいて　いる。

(3) 兄弟《きょうだい》が　□　あそぶ。

赤い　強《つよ》い　なかよく

4 れいと　同《おな》じように、くわしく　する　ことばに　――線《せん》を　引《ひ》きましょう。

〈れい〉女の子が　青い　大きな　丸《まる》い　風《ふう》船《せん》を　もって　ゆっくりと　歩《ある》いて　います。

(1) 大きな　魚《さかな》が　広《ひろ》い　海《うみ》の　中を　のんびりと　およいで　います。

(2) 小さな　ねずみを　大きな　ねこが　あわてて　おいかけて　います。

(3) つめたい　水を　ごくごくと　のみました。

(4) 長《なが》い　かいだんを　ゆっくりと　上がります。

5 れいと　同じように、（　）に　くわしく　する　ことばを　書き入れましょう。

〈れい〉色《いろ》　（白い）花が　さいて　います。

(1) 色　（　　　　）かさを　さす。

(2) 形《かたち》　（　　　　）いすに　すわる。

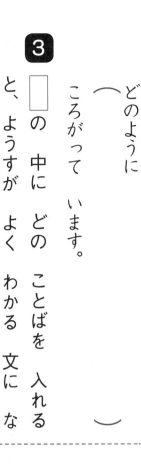

1 くわしく する ことば

ハイクラス

1 つぎの 文しょうを 読《よ》んで、といに 答《こた》えましょう。(50点《てん》/一つ10点)

お母《かあ》さんの ひめいが 二かいから 聞《き》こえて きました。

「きゃあっ。」

わたしと、お父《とう》さんと、お姉《ねえ》さんは、いそいで 声《こえ》の する ほうへ かけて いきました。すると、かいだんの 小まどの しきいの 上に、六センチメートルぐらいの ねずみ色《いろ》の やもりが 一ぴき、まわりを きょろきょろしながら、あみ戸《ど》を よじ上って いました。

お母さんが、やもりを 外《そと》に おい出そうと して あみ戸を あけると、きゅうに とびはねて、お母さんの かみの 毛《け》を かすって、かいだんに おちました。

(1) わたしと お父さんと お姉さんは、どのように 声の する ほうへ かけて いきましたか。

(　　　　)

(2) やもりは どこの 小まどの しきいの 上に いましたか。

(　　　　)の 小まど

(3) どんな やもりでしたか。ようすを 二つ 書《か》きましょう。

(　　　　)の

(　　　　)の やもり

(4) やもりは どんな ようすで あみ戸を よじ上って いましたか。

(　　　　)

時間	30分
合かく	80点
とく点	点

答え▶べっさつ1ページ

2 絵《え》を 見て、といに 答えましょう。

（50点／一つ5点）

(1) うさぎの 家《か》ぞくが せいぞろい しました。どんな うさぎが いますか。れいに ならって 書きましょう。

〔れい〕
・（小さな）うさぎ
・（めがねを かけた）うさぎ

・（　　　　）うさぎ

・（　　　　）うさぎ

・（　　　　）うさぎ

・（　　　　）うさぎ

・（　　　　）うさぎ

・（　　　　）うさぎ

(2) ①と ②の 魚《さかな》の ようすを あらわす ように、あとの ［　］から ことばを えらんで □に 書き入れましょう。

①

②
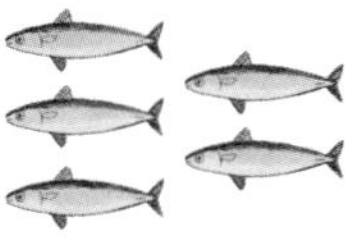

① □ 魚が □ およいで いる。

② □ 魚が □ およいで いる。

［ たくさんの　一ぴきの　のんびりと　ならんで ］

2 つなぎことば

標準クラス

1 （　）の　中に　どの　ことばを　入れると、文が　うまく　つながりますか。あとの［　］から　えらんで　書《か》き入れましょう。

(1) 雨が　ふりそうだ。（　　　　）、いそいで　帰《かえ》ろう。

(2) 頭《あたま》が　いたい。（　　　　）、学校を　休みたく　ない。

(3) この　花は　きれいだ。（　　　　）、においも　いい。

［けれど　そして　だから］

2 れいと　同《おな》じように、（　）の　中に　ことばを　入れて、二つの　文を　つなぎましょう。

〈れい〉
・雨が　ふった
・遠足《えんそく》は　やめに　なった｝（ので）

(1) ・雨が　ふった
・遠足は　あった｝（　　　　）

(2) ・わたしは　べん強《きょう》を　した
・せいせきが　よく　なった｝（　　　　）

3 □の　中に　どの　ことばを　入れると、文が　うまく　つながりますか。合《あ》う　ことばを　えらんで、記《き》ごうで　書き入れましょう。

(1) あおいさんは　べん強も　よく　できる□、うんどうも　よく　できる。

ア ので　**イ** し　**ウ** から

答え▼べっさつ1ページ

(2) おなかが いっぱいに なった[　]、まだ たくさん ごちそうが のこって いる。

ア のに　イ から　ウ し

4 （　）の 中に どんな ことばを 入れると、二つの 文が うまく つながりますか。よいと 思《おも》う ことばを 書き入れましょう。

(1) ぼくは 走《はし》った。（　　）、バスに 間《ま》に 合《あ》わなかった。

(2) わたしは 大声《おおごえ》で 友《とも》だちを よんだ。（　　）、友だちは 手を ふった。

(3) わたしは さくらの 花を かきたい。（　　）、かくのは むずかしい。

(4) きのうから、ぼうしを さがして いる。（　　）、見つからない。

(5) わたしは、うんどう場《じょう》で、ドッジボールを した。（　　）、バドミントンも した。

---

5 （　）の 中に どの ことばを 入れると、文が うまく つながりますか。あとの[　]から えらんで 書き入れましょう。

(1) さむい（　　）、うわぎを きよう。

(2) この りんごは 形《かたち》も いい（　　）、色《いろ》も いい。

(3) 弟《おとうと》は いくら しかられ（　　）、やめようと しません。

(4) やくそくして いた（　　）、まもる くんは こなかった。

(5) お母《かあ》さんは 歌《うた》を 歌い（　　）、せんたくを します。

(6) ぼくは やせて いる。（　　）、すもうたいかいで ゆうしょうした。

でも	ので	し	のに
ても	ながら		

2 つなぎことば

ハイクラス

時間 25分
合かく 80点
とく点　　点

答え→べっさつ2ページ

1 □の 中に どの ことばを 入れると、文が うまく つながりますか。合《あ》う ことばを えらんで、記《き》ごうで 書《か》き入れましょう。（40点《てん》／一つ10点）

(1) ろうかを 走《はし》って いた□、ころんで しまいました。

ア のに　**イ** ので　**ウ** が

(2) いくら 考《かんが》え□、むずかしくて わかりません。

ア から　**イ** ても　**ウ** ので

(3) おじさんの 家《いえ》には、バスでも 行《い》ける□、電車《でんしゃ》でも 行けます。

ア ので　**イ** から　**ウ** し

(4) きのう、おそく ねた□、朝《あさ》 早く 目が さめました。

ア のに　**イ** ので　**ウ** し

---

2 （　）の 中に どの ことばを 入れると、文が うまく つながりますか。あとの □から えらんで 書き入れましょう。（30点／一つ6点）

(1) そうじは すぐに おわると 思《おも》います。（　）、もう 少《すこ》し まって ください。

(2) 明日《あす》、プールへ およぎに 行きますか。（　）、虫とりに 行きますか。

(3) 水そうに えさを 入れた。（　）、たくさんの 魚《さかな》が あつまって きた。

(4) 手つだいを たくさん した（　）、お母《かあ》さんに ほめられた。

(5) ゆうとくんは べん強《きょう》が よく できます。（　　）、うんどうも よく できるので クラスの 人気ものです。

それに	だから	すると
ので	それとも	

3

□の 中に どの ことばを 入れると、文が うまく つながりますか。合う ことばを えらんで、記ごうで 書き入れましょう。（30点／一つ5点）

(1) いつでも、音楽《おんがく》が はじまると、くじらが 三頭《とう》、なみの 上に 出て くる。はじめは、ずっと 遠《とお》くに いたけれど、毎日《まいにち》 毎日 近《ちか》よって、今《いま》では、船《ふね》の そばまで 来《く》る。

□、音楽に 合《あ》わせては、大きな 体《からだ》を うごかしたり、しおを ふき上げ□する。

ア そこで　イ そして　ウ たり

(2) それからが たいへんな さわぎ。ブーブー、キーキー、リンリン、カチャカチャ…… 耳も つぶれるかと 思うくらい。□、いつのまにか、音が そろうように なって きた。□、聞《き》いた ことも ない ふしぎな 音楽が、なみの 上に ひびきわたった。

ア でも　イ そして　ウ だから

(3) 台風《たいふう》が 近づいて きた□、お昼《ひる》すぎから きゅうに 空が くもって きて、雨が ふりだしました。□、風《かぜ》も ふきはじめました。テレビや ラジオの 天気よほうを しっかり 聞いて、あんぜんに すごせるように 気を つけましょう。

ア ので　イ そのうえ　ウ だが

3 さす ことば

標準クラス

答え べっさつ2ページ

1 つぎの 絵《え》を 見て、みんなが 言《い》って いる ことばの 中の ——線《せん》は、どの 花を さして いるか 線で むすびましょう。

○犬さん
「花の 絵を かこう。どの 花が いいかな。」
○うさぎさん
「わたしは、この 花が いいわ。」
○りすさん
「ぼくも、その 花に しよう。」
○さるさん
「わたしは、いちばん おくの、あの 花」

犬さん・
うさぎさん・
りすさん・
さるさん・

・アの 花
・イの 花
・ウの 花
・エの 花
・きまって いない

2 つぎの 絵を 見て、（ ）の 中に「この・その・あの・どの」の どれかを 入れましょう。

(1)（　　）ボール

(2)（　　）ボール

(3)（　　）ボール

(4)（　　）ボール

3 つぎの 文しょうを 読《よ》んで、――線の ことばは、何《なに》を さして いるか 答《こた》え ましょう。

(1) やえもんは、あせを かきかき、とかいの えきまで やって 来《き》ました。すると、そこには、いろんな れっ車が、たくさん あつまって いました。

（　　）

(2) お父《とう》さんと お母《かあ》さんが、たんじょう日の プレゼントに 黄色《きいろ》い じてん車を 買《か》って くれました。それは、わたしが まえから とても ほしかった ものだったので、すごく うれしくて、すぐに のって みました。

（　　）

(3) 一つの すには、五、六わの ひなが います。それが つぎつぎに えさを ほしがるので、お父さん鳥《どり》も お母さん鳥も、一日に 何十回《なんじっかい》も 虫を はこんで こなければ なりません。

（　　）

3 さす ことば

ハイクラス

時間 30分
合かく 80点
とく点 　点

答え▼べっさつ3ページ

1 つぎの 絵《え》を 見て、会話《かいわ》の 中の □に あてはまる ことばを、あとの [　]から えらんで 書《か》き入れましょう。（20点《てん》／一つ5点）

(1) □　(2) □　(3) □　(4) □

この　その　どの　あの

2 つぎの 文の ――線を つけた ものは、どこに ありますか。れいに ならって 答《こた》えましょう。（30点／一つ10点）

〈れい〉 兄《にい》さん「こうた、その バケツ、いそいで もって きて。」
（　こうたくんの 近《ちか》く　）

(1) おきゃくさん「この リンゴを 三つ ください。」
（　　　　）

(2) しおりさん「あの 花は、何《なん》と いう 名前《なまえ》ですか。」
（　　　　）

(3) お母《かあ》さん「ゆき、その タンスの 引《ひ》き出しに ふくが あるよ。」
（　　　　）

3

つぎの　文しょうを　読《よ》んで、（　　）の　中に　あてはまる　ことばを、あとの　[　]　から　えらんで　書き入れましょう。（20点／一つ5点）

(1) 高《たか》い　ビルの　上から、遠《とお》くの　山が　よく　見えました。お父《とう》さんに、「（　　）山は、何と　いう　名前なの。」と　聞《き》きました。

(2) お母さんが「（　　）リボンは、お手つだいの　ごほうびよ。」と　言《い》って、わたしの　かみに　つけて　くれました。

(3) お兄さんと、ボールで　あそびました。ボールが　ころがって　いったので、「（　　）ボールを　とって　ください。」と、近くを　歩《ある》いて　いた　人に　たのみました。

(4) 友《とも》だちの　たんじょう日プレゼントを　買《か》いに　本やへ　行きましたが、（　　）本を　買えば　よいのか　まよいました。

どの　この　その　あの

4

つぎの　文しょうを　読んで、——線の　ことばは　何《なに》を　さして　いるか　答えましょう。（30点／一つ15点）

(1) りんごは　北《きた》の　さむい　地方《ちほう》で　とれる　くだものです。五月に　花が　さきます。その　あとに、小さな　みが　たくさん　なります。

（　　）

(2) 何十人もの　人が、力を　合《あ》わせて　一まいの　大だこを　あげ、たくさんの　人びとが　これを　けんぶつします。

（　　）

チャレンジテスト①

1 つぎの 文しょうを 読《よ》んで、といに 答《こた》えましょう。

ヘイケボタルの よう虫《ちゅう》は、せい長《ちょう》も □はやいです。八月上《じょう》じゅんに ＊ふかした よう虫でも、エサが ほうふな 田んぼなら、八月下《げ》じゅんには ＊三〜五れいよう虫と なり、田んぼから 水が なくなっても しめった 土に もぐって 冬《ふゆ》ごし できます。春《はる》に めざめてからも せい長が はやく、ほとんどの よう虫が その 年に 上《じょう》りくして さなぎと なり ＊羽《う》かします。ただ、小さな よう虫で 冬ごしした ものは 上りくも 羽かも おそく なります。

ところが、むかしに くらべて 今《いま》の 田んぼは、せいびされて かわきやすく なりました。さらに、のうやくの し用《よう》などで エサと なる 貝るいも 少《すく》なく なった ため、冬ごし できない よう虫が ふえて います。

（おおば のぶよし「ホタル」みじかく まとめた ところが あります。）

＊ふか…たまごが かえる こと。
＊三〜五れいよう虫…二〜四回 だっぴした よう虫の こと。
＊羽か…さなぎが せい虫に なる こと。

(1) 「ほとんどの よう虫」とは、何《なに》の よう虫ですか。（10点《てん》）

（　　　　）

(2) 文しょう中の □に 入る ことばに ○を つけましょう。（6点）

ア おそろしいほど　イ おだやかなほど
ウ おどろくほど

(3) 今の 田んぼは むかしと くらべて どのように かわりましたか。二つ 書《か》きましょう。（16点／一つ8点）

答え べっさつ3ページ

時間	30分
合かく	80点
とく点	点

（　　）
（　　）

(4) 正しい 文に ○を つけましょう。（8点）

ア 今は、冬ごし できない よう虫が ふえて いる。

イ 昔の 田んぼは のうやくを たくさん つかって いた。

ウ 小さな よう虫の ほうが 羽かする のが はやい。

2 つぎの 文の （　）に 合《あ》う ことばを えらんで、記《き》ごうで 書き入れましょう。（60点／一つ4点）

(1) 台風《たいふう》が やって きた（　　）、風《かぜ》が （　　）強《つよ》く なって きた。（　　）、雨も ふって きた。

ア ので　**イ** が　**ウ** とても　**エ** そして

(2) アンリーの 家《いえ》は まずしい（　　）、おじいさんの 家に あずけられました。（　　）家は 山おくで、あまり 友《とも》だちが いません。（　　）、どうぶつや こん虫と あそびました。

ア だから　**イ** ので　**ウ** その　**エ** すると

(3) 妹《いもうと》と 二人《ふたり》で、ボールで あそんだ。（　　）ボールは お父《とう》さんに 買《か》って もらった ボール（　　）、（　　）つかった。

ア どの　**イ** 大切《たいせつ》に　**ウ** この　**エ** なので

(4) とても あつかった（　　）、友だちと プールに 行《い》った。（　　）、水が つめたく（　　）、気もちが よかった。

ア て　**イ** し　**ウ** ので　**エ** すると

(5) （　　）は、お母《かあ》さんが 作《つく》って くれた エプロンです。（　　）エプロンには （　　）ポケットが ついて います。

ア どれ　**イ** これ　**ウ** 小さな　**エ** この

4 あらすじを つかむ

標準クラス

1 つぎの 文しょうを 読《よ》んで、といに 答《こた》えましょう。

ある 日の 夕方《ゆうがた》です。池《いけ》の そこに しずむ ヤカンの 前《まえ》に、タガメの ゆうびんやさんが やって きました。

「ゆうびんだよ〜。」

ヤカンの 中から ぬっと 顔《かお》を 出したのは、ピコでした。

ピコは この ヤカンの 家《いえ》に、たった 一人《ひとり》で くらして います。

「ゆうびんって、ぼくに？」

「はい、どうぞ。」

ピコは とびあがりたいほど うれしく なりました。

だって、手紙《てがみ》を もらうのは、生まれて はじめての ことだからです。

ピコは、ヤカンの 家に 入ると、大いそぎで 手紙の ふうを あけました。

（あべ なつまる「ピコの そうじとうばん」）

(1) タガメの ゆうびんやさんが ピコの 家に きたのは いつですか。

（　　　　　　　）

(2) ピコの くらしに ついて まとめた つぎの 文の ①〜③に あてはまる ことばを 書《か》きましょう。

ピコは、［①］に しずむ ［②］を 家に して ［③］で くらして います。

①（　　　　）②（　　　　）

③（　　　　）

答え▶べっさつ3ページ

(3) ピコは どんな 気もちで「ぬっと 顔を 出し」ましたか。

（　　　　　　　　　　）

(4)「とびあがりたいほど うれしく」なったのは なぜですか。

（　　　　　　　　　　）

(5) ピコは 手紙の ふうを あけた あとすぐに、何《なに》を したでしょうか。よいものに、○を つけましょう。

ア かぞくと 話《はな》した。　**イ** 手紙を 読んだ。

ウ へんじを 書いた。

2 つぎの 文しょうを 読んで、といに答えましょう。

＊ひでやは、遠足《えんそく》に しゃぼんだまを もっていく ことに しました。

ズボンの ポケットに しゃぼんだまの えきを 入れた 小さな びん、むねの ポケットに しゃぼんだまを ふく ストローを 入れて、まくらもとに おきました。

つぎの 日、みんな、バスで もみじ山へ行《い》きました。バスから おりた ひでやは、びっくりして 思《おも》わず さけびました。

「わあ、いろいろいろの 山だあ」

（ふるた たるひ「ひみつの やくそく」）

(1) ひでやが、前の 日の 夜に よういをした ものは 何ですか。二つ 書きましょう。

（　　　　　　）（　　　　　　）

(2) ひでやたちは 遠足で どこに 行きましたか。

（　　　　　　）

(3) バスから おりた ひでやは、なぜ「びっくりし」たのですか。

（　　　　　　）

4 あらすじを つかむ

ハイクラス

時間 25分
合かく 80点
とく点 　点

答え▼べっさつ4ページ

1 つぎの 文しょうを 読《よ》んで、といに 答《こた》えましょう。

山から 村へ あそびに 行《い》った さるが、一本の 赤い ろうそくを ひろいました。さるは、まだ、赤い ろうそくを 見た ことが ありませんでした。それで さるは、赤い ろうそくを、花火だと 思《おも》いこんで しまいました。

さるは 赤い ろうそくを、だいじに 山へ もって 帰《かえ》りました。

山では、たいへんな さわぎに なりました。まだ、だれも 花火を 見た ことが ありません。その 花火を、さるが ひろって きたと 言《い》うのです。

「ほう、すばらしい。」

「それは、すてきだ。」

しかや、いのししや、うさぎや、かめや、いたちや、たぬきや、きつねが、おし合《あ》い、へし合い して、赤い ろうそくを のぞきました。すると、さるが、

「あぶない。あぶない。そんなに 近《ちか》よっては いけない。ばくはつするから。」

と いいました。

みんなは おどろいて、しりごみ*しました。

そこで、さるは、花火と いう ものは、どんなに 大きな 音を たてて とび出すか、そして、どんなに うつくしく 空に 広《ひろ》がるか、みんなに 話《はな》して 聞《き》かせました。

（にいみ なんきち「赤い ろうそく」）

*しりごみ…こわがって うしろへ さがる こと。

(1) さるは、いつ 赤い ろうそくを ひろいましたか。（5点《てん》）

（　　　　）

(2) さるは、なぜ　赤い　ろうそくを　花火だと　思いこんで　しまったのですか。(5点)

(　　　　)

(3) さるが　赤い　ろうそくを　山へ　もって　帰ると　山では　どう　なりましたか。(　)に　あてはまる　ことばを　書《か》きましょう。(10点)

(　　　　)に　なった。

(4) 「その　花火」とは、どんな　花火を　さして　いますか。(10点)

(　　　　)

(5) 「すばらしい。」「すてきだ。」と、赤い　ろうそくを　のぞきに　きたのは　だれですか。(35点／一つ5点)

(　　)(　　)(　　)
(　　)(　　)(　　)
(　　)

---

(6) さるは、なぜ「近よっては　いけない。」と　言ったのですか。(10点)

(　　　　)

(7) しりごみした　みんなに、さるは　花火の　どんな　ことを　話して　聞かせましたか。二つ　書きましょう。(20点／一つ10点)

(　　　　)
(　　　　)

(8) つぎの　文の　中で、この　文しょうの　内《ない》ように　合って　いる　ものに　○を　つけましょう。(5点)

ア　さるは　赤い　ろうそくを　はじめて　見た。

イ　さるは　山の　みんなを　だまそうと　した。

ウ　山の　みんなは　ろうそくに　ちかよらなかった。

5 ばめんの ようすを つかむ

標準クラス

1 つぎの 文しょうを 読《よ》んで、といに 答《こた》えましょう。

町も、野《の》も、いたる ところ、みどりの 葉《は》に つつまれて いる ころで ありました。おだやかな、月の いい ばんの ことで あります。しずかな 町の はずれに おばあさんは すんで いましたが、おばあさんは、ただ 一人《ひとり》、まどの 下に すわって、はりしごとを して いました。

ランプの 火が、あたりを へいわに てらして いました。おばあさんは、もう いい 年で ありましたから、目が かすんで、はりの みぞに よく 糸が 通《とお》らないので、ランプの 火に、いくたびも すかして ながめたり、また、しわの よった ゆびさきで、細《ほそ》い 糸を よったり して いました。

（おがわ みめい「月夜《つきよ》と めがね」）

(1) きせつは、いつですか。記《き》ごうに ○を つけましょう。

ア 春《はる》の はじめ　**イ** 夏《なつ》の はじめ

ウ 秋《あき》の はじめ　**エ** 冬《ふゆ》の はじめ

(2) おばあさんは、どこに すんで いますか。

（　　　　　　）

(3) おばあさんは、どこで どんな ことを して いますか。

（　　　　　　）

(4) ランプの 火は、どんな ようすですか。

（　　　　　　）

答え→べっさつ4ページ

(5) はりの みぞに よく 糸が 通らない のは、なぜですか。

（　　　　　　　　）

2 つぎの 文しょうを 読んで、といに 答えましょう。

いよいよ、これから、花火を うち上げる ことに なりました。しかし、こまった ことが できました。と もうしますのは、みんな、花火を 見る ことは すきでしたが、火を つけに 行《い》く ことは、すきで なかったので ありました。これでは、花火は 上がりません。そこで、くじを 引《ひ》いて、火を つけに 行く ものを きめる ことに なりました。だい一に 当《あ》たった ものは、かめで ありました。かめは、元気《げんき》を 出して、花火の 方《ほう》へ 行きました。だが、うまく 火を つける ことが できたでしょうか。いえ、いえ、かめは、花火の そばまで くると、首《くび》が ひとりでに 引っこんで しまって、出て こなかったので あります。

（にいみ なんきち「赤い ろうそく」）

(1) 何を しようと して いる ところで すか。

（　　　　　　　　）

(2) 「こまった こと」とは、どんな ことで すか。

（　　　　　　　　）

(3) そこで、みんなは どう しましたか。

（　　　　　　　　）

(4) くじで 当たった ものは、うまく 花火に 火を つける ことが できましたか。記ごうに ○を つけて、その わけも 答えましょう。

ア 火を つける ことが できた。

イ 火を つける ことが できなかった。

なぜかと いうと、

（　　　　　　　　）

5 ばめんの ようすを つかむ

ハイクラス

時間 25分
合かく 80点
とく点 　点

答え べっさつ5ページ

1 つぎの 文しょうを 読《よ》んで、といに 答《こた》えましょう。

やえもんは、あせを かきかき、とかいの えきまで やって 来《き》ました。すると、そこには、いろんな れっ車が、たくさん あつまって いました。


となりの せんろには、小さな かわいい レールバスの いちろうと はるこが、

「ケロロン ロンロン、ケロロンロンロン。」

と、歌《うた》を 歌いながら 止《と》まって いました。少《すこ》し むこうでは、電気《でんき》きかん車が、おけしょうを して もらって いました。とっきゅうは、

「ラ ラ ラン ラン パーン。」

と さけんで、止まらずに 行《い》って しまいました。

とかいの えきは、いつも、とっても にぎやかです。やえもんきかん車は、きたない 自分《じぶん》の すがたが、かなしく なりました。

（あがわ ひろゆき「きかん車やえもん」）

(1) やえもんは、どんな ようすで とかいの えきまで やって 来ましたか。（15点《てん》）

（　　　　）

(2) となりの せんろには、①だれ（何《なに》）が ②何を して いましたか。（20点／一つ10点）

①（　　　　）

②（　　　　）

(3) とかいの えきで、やえもんは、どんな 気もちに なりましたか。（15点）

（　　　　）

2 つぎの 文しょうを 読んで、といに 答えましょう。

かほちゃんは、四《よん》さいです。今年《ことし》から、ようちえんに 通《かよ》って います。

毎朝《まいあさ》、ママと 手を つないで、〈みどりこうえん〉の 前《まえ》まで 歩《ある》きます。

そこに、おむかえの バスが 来《く》るのです。おむかえの バスには 赤や 黄色《きいろ》や ピンクの チューリップが いっぱい、かかれて います。ようちえんの 名前《なまえ》が〈チューリップようちえん〉だからです。

チューリップようちえんの 花だんにもチューリップが たくさん、さいて います。それに、かべには チューリップの しゃしんが かざって あります。

花だんの 花も、しゃしんも、とても きれいです。かほちゃんは、チューリップがすきです。お花の なかでは、いちばん すきかも しれません。だから、かほちゃんは、チューリップようちえんが いやでは ありません。たくさんの チューリップを 一つ一つ さわれるし、ちょうちょさんが、チューリップの 花に とまるのを じっと 見て いる ことが できるからです。

でも、朝、おむかえの バスに のって、ママに「バイバイ、行《い》って きます」を しなければ ならなく なると、なきそうになります。

なみだが、じわっと 出て きます。

（あさの あつこ「チューリップルかほちゃん」）

---

(1) かほちゃんは、毎朝、ママと どこまで 歩きますか。（15点）

（　　　　）

(2) おむかえの バスには、何《なに》が かかれて いますか。（15点）

（　　　　）

(3) かほちゃんは、なぜ なみだが、じわっと 出て くるのですか。（20点）

（　　　　）

6 気もちを 考《かんが》える

標準クラス

1 つぎの 文しょうを 読《よ》んで、といに 答《こた》えましょう。

「しんで いるのかも しれないぞ。」
てっぽうを かまえながら、二人《ふたり》の 人間《にんげん》は、そろそろっと バンポに 近《ちか》づきました。
バンポは おそろしくて おそろしくて、思《おも》わず にげだしそうに なりました。でも、かわいそうな 千鳥《ちどり》の ことを 考えると、にげる わけには いきませんでした。
バンポは、にげたいのを がまんして、あいかわらず 口を あけたまま、じっと して いました。
その 時《とき》でした。千鳥が おなかから とびだしたのです。バンポは ほっと して、いそいで 口を とじました。バンポが しんで いるとばかり 思って いた 人間は、びっくりして にげて しまいました。

（おおいし まこと「わにの バンポ」みじかく まとめた ところが あります。）

(1) 二人の 人間は、なぜ そろそろっと バンポに 近づいたのですか。

（　　　　　　　　）

(2) バンポは、なぜ にげたいのを がまんして いたのですか。

（　　　　　　　　）

(3) 千鳥が バンポの おなかから とびだした あと、バンポは ①どんな 気もちで ②どう しましたか。

①（　　　　　　　　）

②（　　　　　　　　）

(4) 人間は、なぜ にげたのですか。

答え➡べっさつ5ページ

2 つぎの 文しょうを 読んで、といに 答えましょう。

（　　　　）

くすのきは、夜《よる》も ひるも、ぐんぐん のびて いきました。しまいには、てっぺんが、雲《くも》の 中に かくれるほどに なりました。

「まったく ふしぎな くすのきだ。」

「どこまで のびて いくのでしょう。」

村の 人たちは しんぱいに なりました。くすのきの えだは 四方《しほう》に ひろがって いきました。村には、日が ささなく なりました。

「これは たいへんだ。こんなに くらくては、あんしんして 道《みち》も 歩《ある》けない。」

「これでは、田の いねも、はたけの ものも、かれて しまいますよ。」

村の 人たちは、こまって しまいました。

（「はやとり」）

(1) くすのきは、どのように のびて いきましたか。

（　　　　）

(2) くすのきは、のびて どのように なりましたか。

（　　　　）

(3) 村には、なぜ 日が ささなく なったのですか。

（　　　　）

(4) くすのきの ために、村の 人たちは どんな ことに こまって しまったのですか。二つ 書《か》きましょう。

（　　　　）

（　　　　）

6 気もちを 考《かんが》える

ハイクラス

時間 30分
合かく 70点
とく点 　　点

答え べっさつ5ページ

1 つぎの 文しょうを 読《よ》んで、といに 答《こた》えましょう。

子ねずみたちが 歩《ある》きだした その とき です。

ニャーゴ

三びきの 前《まえ》に、ひげを ぴんと させた 大きな ねこが、手を ふり上げて 立って いました。

三びきは、かたまって ひそひそ声《ごえ》で 話《はな》しはじめました。

「びっくりしたね。」

「この おじさん だれだあ。」

「きゅうに 出て きて、ニャーゴ だって。」

「おじさん、だあれ。」

ねこは どきっと しました。そこで、子ねずみは もう一ど、

「おじさん、だあれ。」

と、元気《げんき》よく 聞《き》きました。

「だれって、だれって……たまだ。」

ねこは、言《い》って しまってから、少《すこ》し 顔《かお》を 赤く しました。

「そうか、たまか。ふうん。」

「たまおじさん、ここで 何《なに》 してるの。」

「何って、べつに。」

ねこは、口を とがらせて 答えました。

「じゃあ、ぼくたちと いっしょに、おいしい ももを とりに 行《い》かない。」

それを 聞いて、ねこは 思《おも》いました。

(おいしい ももか。うん、うん。その 後《あと》で この 三びきを。ひひひひ。きょうは、何《なん》て ついて いるんだ。)

（みやにし たつや「ニャーゴ」）

(1) ねこは、なぜ 少し 顔を 赤く した

のですか。（30点《てん》）

（　　　　　　　　　　　　）

(2) ねこが（きょうは、何て ついて いるんだ。）と 思ったのは、なぜですか。（40点）

（　　　　　　　　　　　　）

2 つぎの 文しょうを 読んで、といに 答えましょう。

「春《はる》って、そんなに すてきな ものなの。」

雪《ゆき》だるまが 聞くと、

「そりゃあ すてきさ。」

子ぐまも 子りすも 子ぎつねも 子だぬきも、かけよって きました。

「あのね、雪だるまさん。春って あったかいんだよ。」

「木の えだが、いっぱい みどりの めを 出すんだ。」

「お花が いっぱい さいて、ちょうちょが とびはじめるのさ。」

「さあ、早く 行こうよ。」

どうぶつたちは、また かけだしました。

子うさぎが、ふりかえって 言いました。

「春を 見つけたら、雪だるまさんにも、春の おみやげを もって きて あげるね。」

「ぼくも、もって きて あげる。」

「わたしも。」

ほかの どうぶつたちも やくそくしました。

雪だるまは、また、ひとりぼっちに なりました。でも、もう さびしくは ありません。

「子うさぎさんたち、どんな 春の おみやげを もって きて くれるかなあ。」

雪だるまの 心《こころ》は、春の ことで いっぱいでした。

（いしなべ ふさこ「はるの ゆきだるま」）

(1) 雪だるまが さびしく なく なったのは、なぜですか。（30点）

（　　　　　　　　　　　　）

チャレンジテスト②

答え べっさつ6ページ

時間 30分
合かく 80点
とく点 点

1 つぎの 文しょうを 読《よ》んで、といに 答《こた》えましょう。

大きな 国《くに》と、それよりは 少《すこ》し 小さな 国と となりあって いました。*とうざ、その 二つの 国の 間《あいだ》には なにごとも おこらず へいわで ありました。

ここは みやこから 遠《とお》い、国《こっ》きょうで ありました。そこには りょうほうの 国から ただ 一人《ひとり》ずつの へいたいが はけんされて 国きょうを さだめた 石《せき》ひを まもって いました。大きな 国の へいしは ろう人《じん》で ありました。そうして、小さな 国の へいしは 青年で ありました。

二人《ふたり》は、石ひの たって いる 右と 左に 番《ばん》を して いました。いたって さびしい 山の 中で ありました。そうして、まれにしか その へんを 旅《たび》する 人かげは 見られなかったのです。

はじめ、たがいに 顔《かお》を 知《し》り合《あ》わない 間は、二人は てきか みかたかと いうような かんじが して、ろくろく ものも 言《い》いませんかったけれど、いつしか 二人は なかよしに なって しまいました。二人は、ほかに 話《はなし》を する あい手も なく たいくつで あったからで あります。そうして、春《はる》の 日は 長《なが》く、うららかに、頭《あたま》の 上に てりかがやいて いるからで ありました。

ちょうど、国きょうの ところには だれが うえたと いう ことも なく、一かぶの 野《の》ばらが しげって いました。その 花には、朝早《あさはや》くから みつばちが とんで きて あつまって いました。その こころよい 羽音《はおと》が、まだ 二人の ねむって いる うちから、ゆめ心地《ごこち》に 耳に 聞《き》こえました。
＊とうざ…しばらくの間

（おがわ みめい「野ばら」）

(1) 大きな国と　小さな国の　かんけいは　どのようでしたか。（10点《てん》）

（　　　）

(2) 「ここ」「そこ」は、何を　さして　いますか。（10点）

（　　　）

(3) 二人の　へいたいは　どんな　しごとを　して　いますか。（10点）

（　　　）

(4) 二人の　へいたいは、はじめ、どのような　ようすでしたか。（15点）

（　　　）

(5) 二人の　へいたいは、なぜ　なかよく　なったのですか。二つ、書《か》きましょう。（20点／一つ10点）

（　　　）

（　　　）

(6) 「ゆめ心地に　耳に　聞こえ」たとは、①何の　音が、②だれの　耳に　聞こえたのですか。（20点／一つ10点）

①（　　　）

②（　　　）

(7) 国きょうは　どんな　ようすですか。記《き》ごうに　○を　つけましょう。（15点）

ア 大ぜいの　へいたいが　まもって　いる。

イ 旅する人が　よく　行きかって　いる。

ウ だれかが　一面《いちめん》に　野ばらを　うえた。

エ 朝早く、みつばちが　野ばらに　あつまる。

7 ないようを 考《かんが》える

標準クラス

1 つぎの 文しょうを 読《よ》んで、といに 答《こた》えましょう。

せんそうの とき、日本から 遠《とお》くの 南《みなみ》の しまの 小さな 町で すすむちゃんの いちばんの 友《とも》だちは 犬の ムンでした。そして、日本へ 帰《かえ》る ことに なって、ムンと わかれなければ ならない ことに なりました。みなとに しまじゅうの 日本人の おとなや 子どもたちが、日本へ 帰る ため、そうこに あつめられました。その とき、

「あっ、ムンだ、ムンだ。どうして どうして、ここが わかったの。」

キューン キューン。ムンは、はなを 鳴《な》らし、しっぽを ちぎれるほど ふって、すすむちゃん めがけて かけよって きました。

すすむちゃんは、もう なにも 言《い》えません。

（おぼ まこと「ごめんね ムン」みじかく まとめた ところが あります。）

(1) すすむちゃんの いちばんの 友だちは、だれでしたか。

（　　　　）

(2) 日本へ 帰る ことに なって、いちばんの 友だちと どう なりましたか。

（　　　　）

(3) すすむちゃんが なにも 言えなく なったのは どんな 気もちから ですか。

（　　　　）

答え べっさつ6ページ

2 つぎの 文しょうを 読んで、といに 答えましょう。

あやまって、口の 中を そうじして くれて いる 千鳥《ちどり》を のみこんだ バンポは、うごかず、口を あけて おけば 千鳥を たすける ことが できると、おしえられました。そこへ、五ひきの さるが、バンポの 前《まえ》に やって きて、バンポを 見て、びっくりしました。でも、バンポが 少《すこ》しも うごかないので、ふしぎそうに 顔《かお》を 見合《みあ》わせました。

「どうだい、なんでも ありゃしない。いくら 頭《あたま》を たたいたって へいきだよ。」

すると、ほかの さるたちも まねして、ぞろぞろ バンポの 頭の 上に 上って 行《い》きました。そして、五ひきの さるたちは、バンポの 頭の 上で、おどったり、歌《うた》ったり しました。でも、バンポは まるで 石にでも なったみたいに、びくりとも しませんでした。

（おおいし まこと「わにの バンポ」みじかく まとめた ところが あります。）

(1) バンポは、何《なに》を のみこんだのですか。

（　　　　）

(2) 五ひきの さるは、なぜ ふしぎそうに 顔を 見合わせたのですか。

（　　　　）

(3) はじめに さるは、バンポに 何を しましたか。

（　　　　）

(4) さるたちは、バンポの 頭の 上に 上って 何を しましたか。

（　　　　）

(5) (4)のとき、バンポは どのような ようすでしたか。

（　　　　）

7 ないようを考《かんが》える

ハイクラス

時間 30分
合かく 80点
とく点 点

答え べっさつ7ページ

1 つぎの 文しょうを 読《よ》んで、といに答《こた》えましょう。

王さまの へやの まどの 上に、ことしも つばめが やって きました。つばめは、いっしょうけんめい すを 作《つく》りなおして います。

王さまは、気に なります。ときどき、そっと のぞいたり します。

「もう できたのかな。」

と、べんきょうの 時間《じかん》に なっても、よそ見ばかり して います。

先生が、

「すを こわして しまいますよ。」

と 言《い》いました。

「だめだ。いかん。ぜったいに こわしちゃだめだぞ。」

「では、もっと しっかり べんきょうしなさい。」

と いう ぐあいでした。

つばめは、たまごを うみました。やがて、ひなが かえりました。

「ピーピー、チーチー。」

親《おや》つばめが えさを もって くると、やかましい こと、やかましい こと。

でも、ひなが、大きく 口を あけて、えさを まって いるのは、かわいい ものです。王さまは、毎日《まいにち》 すを 見上げて いました。

（てらむら てるお「王さま 出かけましょう」）

(1) つばめは、どこに やって きましたか。（10点《てん》）

（　　　）

(2) 王さまは、どんな ことが 気に なるのですか。（20点）

（　　　）

(3) 先生が「すを こわして しまいますよ。」と 言ったのは、なぜですか。(20点)

（　　　　）

(4) ひなが「ピーピー、チーチー。」と やかましく なるのは、いつですか。(20点)

（　　　　）

2 つぎの 文しょうを 読んで、といに 答えましょう。

みんなが、しんぱいで たまらなく なった ころ、スーホが、なにか 白い ものを だきかかえて、走《はし》って きました。

みんなが、そばに かけよって みると、それは 生まれたばかりの、小さな 白い 馬《うま》でした。

スーホは、うれしそうに わらいながら、みんなに わけを 話《はな》しました。

「帰《かえ》る とちゅうで、子馬を みつけたんだ。これが、地面《じめん》に たおれて もがいて いたんだよ。あたりを 見ても もちぬしらしい 人も いないし、おかあさん馬も 見えない。ほうって おいたら 夜《よる》に なって、おおかみに くわれて しまうかも しれない。それで、つれて きたんだよ」

日は、一日、一日と、すぎて いきました。スーホが、心《こころ》を こめて せわした おかげで、子馬は、りっぱに そだちました。からだは、雪《ゆき》のように 白く、きりっと ひきしまって、だれでも、おもわず みとれる ほどでした。

（おおつか ゆうぞう「スーホの 白い 馬」）

(1) スーホは、なぜ 帰る とちゅうで みつけた 子馬を つれて きたのですか。わけを 三つ 書《か》きましょう。(30点／一つ10点)

（　　　　）

（　　　　）

（　　　　）

8 気もちの うつりかわりを つかむ

標準クラス

答え▼べっさつ7ページ

1 つぎの 文しょうを 読《よ》んで、といに 答《こた》えましょう。

ぼくの うちの いちじくの 木には、赤い ゆうびんばこが かかって いる。そこに すみついた かえるが いちじくの はっぱに 「てがみを ください。」と かいた。しかし、へんじは、なかなか こなかった。

また つぎの 日。

ぼくが 行《い》って みると、かえるは 木の えだで さか上がりを して いた。

「どう。手紙《てがみ》 来《き》た。」

ぼくは、かえるに 聞《き》いた。

「いや、まだだよ。でも、来《こ》なくったって どうって こと ないさ。」

かえるは、よこを むいて、そう 言《い》った。

（やました はるお「手紙を ください」みじかく まとめた ところが あります。）

(1) かえるが すみついたのは どこですか。

（　　　　）

(2) そこで、かえるは 何《なに》を しましたか。

（　　　　）

(3) かえるが「よこを むいて」言ったのは、なぜですか。

（　　　　）

2 つぎの 文しょうを 読んで、といに 答えましょう。

きかん車の やえもんは、長《なが》い 長い 間《あいだ》 はたらいたので、たいへん 年を とって、くたびれて いました。

「おれだってシャー、わかい ころには
シャー、たくさんの 人を のせてシャー、
すごい スピードでシャー、大きな とかい
から とかいへシャー、走《はし》った ものだが
シャー。」
と、やえもんは、いばって みせますが、だ
あれも あいてに して くれません。だか
ら、やえもんきかん車は、このごろ いつも、
きげんが わるくて、おこってばかり おり
ました。

（あがわ ひろゆき「きかん車やえもん」）

(1) やえもんが、くたびれて いた わけを 書《か》きましょう。

（　　　　）

(2) やえもんは、わかい ころは どんな ようすでしたか。

（　　　　）

(3) やえもんは、なぜ このごろ きげんが わるいのですか。

（　　　　）

3 つぎの 文しょうを 読んで、といに 答えましょう。

「あっ。」
と、みんなは 思《おも》わず 声《こえ》を たてました。
みかんが ないのです。きのうまで、あんな
に たくさん なって いた みかんの み
が、今日《きょう》は、もう、ぜんぶ なくなって い
るのです。
「これは おしょうさんに だまされた。」
と、いちろうが 言いました。
「ほんとに、うまく だまされた。」
と、さんじも ぷんぷん おこって 言いま
した。

（おかもと よしお「みかんの 木の 寺《てら》」）

(1) みんなは、どんな ことに おどろいた のですか。

（　　　　）

8 気もちの うつり かわりを つかむ

ハイクラス

時間 30分
合かく 80点
とく点 　　点

答え べっさつ8ページ

1 つぎの 文しょうを 読《よ》んで、といに 答《こた》えましょう。（40点《てん》／一つ20点）

すると、町一番《ばん》の 長者《ちょうじゃ》どのの やかたの 前《まえ》で、むすめが ひとり うずくまって いた。

「あねこ《（むすめさん）》、あねこ、なして《（どうして）》、ないて おるのか。」

と きくと、なきながら、

「ばけものが おっかねえからです。」

と 答えた。

「ほやあ、ばけものだと。」

「はい。それが もう、大きな 大きな ばけもので、年に 一ど 町へ やって きては、町の 女を ひとりずつ さろうて《（さらって）》 いきます。地《じ》ひびき 立て、雨風《あめかぜ》 ふかせて、村の 田はたを あらします。」

「おさむらいしゅうに たのめば いいが《（いいではないか）》。」

「とても とても。たばに なっても、かないません。ことしは わたしの 番。もう、どうしようも ありません。」

「ふむ、そんな ことか。ええとも、ええとも。おらたち 三人で、たいじ して やっから、なくのを やめて、家《いえ》に 入れてけろ。」

むすめは、三人を とっくり 見て、ほっと した 顔《かお》に なり、やかたに つれて 入った。そこで、力太郎《ちからたろう》は、むすめを おくの 空《から》びつに かくし、自分《じぶん》は、その 前に どんと すわった。みどうっこ太郎が にわに いて、石こ太郎は 戸口《とぐち》で まつ ことに した。


（いまえ よしとも「力太郎《ちからたろう》」）

(1) むすめは、なぜ ないて いるのですか。

（　　　　　　）

(2) むすめは、三人を 見て どう なりましたか。

（　　　　）

2 つぎの 文しょうを 読んで、といに 答えましょう。（60点／一つ20点）

たあくんは、くっつき虫の まねっこ。わたしが 学校から 帰《かえ》るのを、いつも まって いる。そして、「お姉《ねえ》ちゃん、お姉ちゃん。」って、ついて くるの。

そうなの。弟《おとうと》は、わたしが する とおりに、したがるのよ。

この 前も、つみ木を 高《たか》く つんで、東京《とうきょう》タワーに して いると、すぐ よこで、つみ木を はじめたの。

「そんなに くっつかないで。もっと むこうで、してよ。」

と いったのに、うごかない。

そして、弟の へたな つみ木が、わたしの ほうに くずれたの。だから、東京タワーは、ばらばらよ。

「あっちで してって 言《い》ったのに。」

しかたなく はなれると、

「たあくんも たあくんも」

と くっついて きて、また そばで、つみ木を はじめたの。

（あまん きみこ「わたしの おとうと」）

(1) たあくんは、なぜ「くっつき虫の まねっこ」と 言われて いるのですか。

（　　　　）

(2) 「わたし」は、なぜ「そんなに くっつかないで。」と 言ったのですか。

（　　　　）

(3) 「わたし」は、どんな 気もちで、たあくんの つみ木を「へたな つみ木」と 言ったのですか。

（　　　　）

9 じゅんじょよく 読《よ》む

標準クラス

1 つぎの 文しょうを 読んで、といに 答《こた》えましょう。

だれが おいて いったのか、すなはまに 白い いすが ぽつんと ありました。びょういんの ベッドの 上で ひろくんも、ずっと いすを 見て います。朝《あさ》には たいようが、いすを てらしました。つりの おじさんが きました。どこかの お母《かあ》さんが、あかちゃんを だいて ひなたぼっこに 出て きて、いすに こしかけました。ばんごはんが すんで、くらげのような 月が 出ました。おにいさんが いすの 上で ギターを ひきます。そろそろ おやすみの 時間《じかん》です。ひろくんは ベッドに もぐり、はまべの いすに いいました。

「まってろよ。白い いす。あしたは きっと 元気《げんき》に なって、ぼくが あそびに 行《い》くからね。」（やました はるお「はまべの いす」みじかく まとめた ところが あります。）

(1) すなはまに きた 人を きた じゅんに、だれが どんな ようすで きたかを 書《か》きましょう。

（　　　　）

（　　　　）

（　　　　）

2 つぎの 文しょうを 読んで、といに 答えましょう。

むかし、お母さんも、かおるくらいの 小さな 女の子だった ころ、木のぼりを した ことが ありました。

かおるの いうような、大きな 木に のぼった わけでは ありません。それでも、

答え▽べっさつ8ページ

お母さんは、とても　うれしかった　ことを、
今《いま》でも　よく　おぼえて　います。

せまい　ちっぽけな　にわには、ちっぽけな　木が　たった　三本しか　ありません。
とても　木のぼりは　できません。

「ぼく、大きな　木が　ほしいなあ。」

かおるは、ためいきを　つきました。かおるの　考《かんが》えて　いる　大きな　木は、こんなすてきな　木だったからです。

ううんと　ふとくて、もちろん、かおる一人《ひとり》で、手を　まわしたくらいでは　かかえられないような　ふとい　木です。

「だから、どうしたって、はしごが　いるんだ。」

かおるは、そう　思《おも》います。みきが　ふとすぎて、のぼれないからです。

まず、いちばん　下の　えだまで、はしごを　かけなくては　いけません。ぐらぐらすると　あぶないので、はしごは、えだに　しっかり　しばって　おくのです。

そこの　えだから、もう　一つの　えだへも、みじかい　はしごを　とりつけます。

二つめの　えだに　のぼると、木の　みきに、ぽっかり　ほらあなが　あいて　いるのです。

ちょうど、かおるが　もぐりこめるぐらいの　大きさです。

（さとう　さとる「大きな　木が　ほしい」みじかく　まとめた　ところが　あります。）

(1) ものがたりの　じゅんに　番《ばん》ごうを　書きましょう。

（　）かおるは、木を　のぼる　ためには　はしごが　いると　思った。

（　）かおるは、大きな　木が　ほしいと　ためいきを　ついた。

（　）木の　みきに、ぽっかり　ほらあなが　あいて　いる　ところまで　のぼろうと　思った。

（　）いちばん　下の　えだまで、はしごを　かけようと　思った。

（　）お母さんも　木のぼりを　したことが　ある。

時間 30分
合かく 80点
とく点 点

答え→べっさつ8ページ

1 つぎの 文しょうを 読んで、といに 答《こた》えましょう。

あれは たしか、平成《へいせい》七年一月十七日の 明《あ》け方《がた》でした。いきなり、大きな ゆれが きて、家《いえ》が ぎしぎしと 大きく ゆれ出しました。とだなの 食《しょっ》きが とび出し、テレビが ころげおち、かべが くずれ、まどガラスが こなごなに くだけ、天じょうも おちて きて、ガチャガチャの メチャメチャ……。どうして わたしが つぶれなかったのか、今《いま》でも ふしぎと いう ほか ありません。

なのに、ふみさんは たすけ出されるのに 三日《みっか》も かかって しまい、けっきょくは 手おくれでした。

つぶれた 家の 下から わたしが 見つけ出されたのは、一《ひと》月も たってからです。

ボランティアで 作《さ》ぎょうを 手《て》つだって いた 大学生が、わたしを だきあげて、

「りょう手 あげとる まねきねこなんて、はじめて 見た。こしの ところが 少《すこ》し へこんどるだけで、ほとんど むきず。〝ちょうきょううん〟なんやなあ。きょううんにも こううんにも あやかれるよう、もろて いこ――」

と、大阪《おおさか》市内《しない》に ある 大学の りょうへ もち帰《かえ》って いきました。

わたしは かれ、市村一《いちむらいち》ろうさんの あせくさい へやに 三年 いました。一ろうさんは やがて ねんがんの 会社《かいしゃ》の さいようしけんと めんせつに 合《ごう》かくすると、わたしには もう 用《よう》が なくなったと みえ、りょうの 近《ちか》くの クリーニング屋《や》さんへ もって いき、こう 言《い》ったのです。

「しゅうしょくが　一発《ぱっ》で　きまったのは、
この　まねきねこの　おかげですわ。」

（こぐれ　まさお「りょう手　ばんざいの　まねきねこ」）

(1) 平成七年一月十七日の　明け方に　何《なに》が　おこりましたか。記《き》ごうに　○を　つけましょう。(10点《てん》)

ア 火じ　イ 地《じ》しん　ウ 交通《こうつう》じこ

(2) ふみさんは　なぜ　手おくれだったのですか。(20点)

（　　　　　　　　）

(3) 「わたし」は、見つけられた　とき　どんな　ようすでしたか。(20点)

（　　　　　　　　）

(4) 「わたし」が　何で　あるか　わかる　ことばを　文しょうの　中から　13字で　書きぬきましょう。(10点)

(5) 市村一ろうさんは、なぜ「わたし」を　りょうへ　もち帰ったのですか。(10点)

（　　　　　　　　）ように　もち帰った。

(6) ものがたりの　じゅんに　番《ばん》ごうを　書《か》きましょう。完答(30点)

（　）まどガラスが　こなごなに　くだけた。

（　）市村一ろうさんが　会社の　しけんと　めんせつに　合かくした。

（　）「わたし」が　クリーニング屋さんと　出会《であ》った。

（　）家の　下から「わたし」が　見つけ出された。

（　）とだなの　食きが　とび出し、テレビが　ころげおちた。

10 だいじな ことを 読《よ》みとる

標準クラス

答え▼べっさつ9ページ

1 つぎの 文しょうを 読んで、といに 答《こた》えましょう。

ぼくの 弟《おとうと》の サブロウは、ぼくの だいじに して いた ひこうきの おもちゃを かってに さわって こわして しまいました。

　ぼんやりと 見まわすと、うごいて いない ぶらんこに、サブロウが ひとり。まるで 小さい おじいさんみたいに、せなかを まるめて すわって いた。

「サブ！」

と よんだら、はっと したように 顔《かお》を あげた。ぼくを 見るなり、大きな 声《こえ》で なきだした。

「ごめんよう、ごめんよう、いちどっきりって 思《おも》ったんだよう。思ったんだよう。それでねえ……。」

「いいから。」

と、ぼくは さえぎった。

「もう いいから。」

「え、おにいちゃん。」

サブロウは、ぬれた 目を 大きく した。

そして、おずおずと 小さい 声で 言ったよ。

「もう いいの？」

「ああ、なおせるかも しれないしさ。」

そう 言いながら、ぼく、こまったような、はずかしいような、へんてこな、ごちゃごちゃな 気もちに なって、人さしゆびで はなの 下を ごしごし こすって しまった。こすってから、大きな 声に なって いったんだ。

「そのかわりい、こんど、ちょっとでも さ

わって　みろ、ぶっとばすからなあ。」
サブロウったら、きゃらきゃら　わらいだした。わらいながら　ぶらんこを　こぎだした。

　キイ　キイ　キイ
　キイ　キイ　キイ

ぼくも、サブロウの　よこの　ぶらんこにとびのって、こいだよ。

　キイ　キイ　キイ
　キイ　キイ　キイ

サブロウったら　まだ　わらって　いる。ちょうしの　いい　やつめ。よこ目で　にらみつけて　いたけど、ぼくも、とうとう　わらいだして　しまったよ。

（あまん　きみこ「きりの　なかの　ぶらんこ」）

(1) ブランコに　すわって　いた　サブロウは、何《なに》に　たとえられて　いますか。

（　　　　）

(2) サブロウは、なぜ　大きな　声で　なきだしたのですか。

（　　　　）

(3) ぼくは、なぜ　「もう　いいから。」と言ったのですか。

（　　　　）

(4) 「ぶっとばすからなあ」と　言った　とき、ぼくは　どんな　気もちでしたか。記《き》ごうに　○を　つけましょう。

ア おこって　いる　　**イ** こまって　いる
ウ ゆるして　いる　　**エ** まよって　いる

(5) 「わらいながら　ぶらんこを　こぎだした」ときの　サブロウは、どんな　気もちでしたか。

（　　　　）

10 だいじな ことを 読《よ》みとる

ハイクラス

時間	30分
合かく	80点
とく点	点

答え▼べっさつ9ページ

1 つぎの 文しょうを 読んで、といに 答《こた》えましょう。

朝《あさ》、おこしに きたのは ママでした。

ジンは、びっくりして、とびおきました。

いつもは、おばあちゃんが、おこして くれるのに……。

「おばあちゃんは？」

「すごい、ねつ……。」

「えっ！ おばあちゃんが？」

ジンは、いそいで、おばあちゃんの へやに いきました。

おばあちゃんが、びょうきなんて、はじめてです。

ジンや、ママ、それから、パパが、かぜで ねこむ ことが あっても、おばあちゃんは、いつも それを かんびょうする ほうでした。


「あぁ。どうしよう。会《かい》ぎに、おくれちゃうわ。」

ママは、時計《とけい》と □して います。

「こんな かぜ、たいした こと ないよ。ほら、二人《ふたり》とも 早く。いって、いって……。」

おばあちゃんが、ふとんの 中から、顔《かお》を 出しました。

ねつの せいか、ほっぺたが ピンク色《いろ》です。

「でも、年よりの かぜは、こわいって いうから……。」

「あたしは、これでも 若《わか》い つもりだけど ね。それより、ここから 出てって。かぜが うつっちゃうでしょ。」

おばあちゃんは、ゴホゴホっと せきを しました。

「ぼくが　いるから、だいじょうぶだよ。」

ジンが、おばあちゃんの　ひたいに〝ヒエヒエくん〟を　おきました。

ジンが、ねつを　出した　とき、おばあちゃんが　やって　くれた　とおりに……。

（おおたきょうこ「おばあちゃん、大すき！」）

(1) ジンは、なぜ　びっくりしたのですか。（20点《てん》）

（　　　　）

(2) □に　入る　ことばと　して、よいものに、○を　つけましょう。（10点）

ア そうだん　イ にらめっこ
ウ めくばせ

(3)「ここから　出てって。」と　言《い》った　とき、おばあちゃんは、どんな　気もちですか。（20点）

（　　　　）

(4) おばあちゃんの　ねつが　高《たか》い　ことをあらわす　ことばを　書きましょう。（20点）

（　　　　）

(5) ジンが　ねつを　出したとき、おばあちゃんは　何《なに》を　して　くれますか。（20点）

（　　　　）

(6)「ぼくが　いるから、だいじょうぶだよ。」と　言った　ときの、ジンの　気もちで　よい　ものに　○を　つけましょう。（10点）

ア ママが　はやく　しごとに　いけるように　あんしんさせて　あげたい。
イ おばあちゃんが　はやく　よくなるよう　かんびょうして　あげたい。
ウ ママと　おばあちゃんに　いいところを　見せたい。

チャレンジテスト③

答え▶べっさつ9ページ

時間	30分
合かく	80点
とく点	点

1 つぎの 文しょうを 読《よ》んで、といに 答《こた》えましょう。

あくる日、まな子が 学校から 帰《かえ》って くると、お母《かあ》さんが いいました。

「まな子ちゃん、今夜《こんや》は とくべつの ごちそうを 作《つく》るから、おてつだいして ちょうだい」

まな子は お台《だい》どころの おてつだいが 大すきでした。コロッケの パンこを つけたり、黄色《きいろ》の たくあんを ほそい せん切《ぎ》りに したり するのが、とくに すきでした。お母さんのように はやくは できないけれど、というより、とても ゆっくりで 時間《じかん》が かかるのですけれど、ていねいに、きれいに するのが すきでした。

台《だい》どころへ 行《い》くと、まな子の 大すきな くるみが 出して あります。そばに、くるみを わる かなづちと、いたきれも おいて ありました。

「うわーい、くるみだ!」

まな子は 声《こえ》を あげました。

「そうなの。それ、この秋《あき》の とれたてを、おばあちゃんが おくって くださったのよ。まな子ちゃん、その くるみを わるの、できるかな?」

「できる、できる!」

「あ、そうそう。その まえに、この キャベツを せん切りに して ちょうだい。まな子ちゃんの せん切りは、ほそくて、きれいだから。でも、ほうちょうで 手を 切らないように、気を つけてね」

まな子は、お母さんが あらって まないたの 上に おいて くれた キャベツを、

げんこのように　にぎった　左の　手で
ぎゅっと　おさえて、ほうちょうを　そっと
うごかしながら、切って　いきました。左手
の　ゆびを　のばさないで　げんこに　する
のが、せん切りを　する　ときの　こつなの
です。

だいぶ　時間が　かかりましたが、ふわふ
わの　キャベツの　せん切りが　できあがり
ました。

さあ、こんどは　くるみです。
まな子は、まず、ゆかに　デパートの　つ
つみ紙《がみ》を　ひろげました。その　上に　いた
きれを　のせ、せの　高《たか》い　ちょうり台から
くるみと　かなづちを　とって、おきました。
そして　ゆかに　すわりこんで、くるみを
わりはじめました。

（うえだ　まにこ「おばけさんとの　やくそく」）

(1) まな子は、前に　何《なん》の　おてつだいを
したことが　ありますか。二つ　書《か》きま
しょう。（20点《てん》／一つ10点）

（　　　　　　）

（　　　　　　）

(2) まな子は、ゆっくりで　時間が　かかり
ますが、どんなふうに　おてつだいを
するのが　すきですか。（20点）

（　　　　　　）

(3) お母さんは、なぜ　まな子に　キャベツ
の　せん切りを　たのんだのですか。（20点）

（　　　　　　）

(4) キャベツを　切る　ときの　まな子の
左手は　どんな　ようすですか。（20点）

（　　　　　　）

(5) くるみを　わるのに　つかった　ものを
すべて　書きましょう。（完答20点）

（　　　　　　）

11 リズムを つかむ

標準クラス

答え べっさつ10ページ

1 つぎの しを 読《よ》んで、といに 答《こた》えましょう。

ガラスの かお　みつい ふたばこ

おやおや こまった
ないちゃうよ。
おふろの ガラスに
かいた かお。
みんな なみだを
ながしちゃう。
わらった かおまで
ないてるよ。
おふろの ガラスに かいた かお、
みんな そろって ないてるよ。

---

(1) ①どこに ②何《なに》を かいたのですか。

①（　　　　）

②（　　　　）

(2) なぜ「ないちゃう」のですか。

（　　　　）

(3) 「ないちゃうよ」と 同《おな》じ リズムの ことばを 二つ 書《か》きましょう。

（　　　　）

（　　　　）

(4) この しから、どんな かんじが つたわって きますか。よい ものに、○を つけましょう。

ア つらい　**イ** こわい

ウ おもしろい

2 つぎの　しを　読んで、といに　答えましょう。

こころと　あし

□やすじ

ぼくの　こころが　ないて　いる　ときも
ぼくの　あしは　おまつりを　して　いる
わっしょい　わっしょい　ざっざっざ
すると　こころも　なんだか　わらえて　きて
いっしょに　かけごえを　かけて　いる
それいけ　それいけ
わっしょい　わっしょい
だから　ぼくは　あまり　なけない

（くどう　なおこ「のはらうた」）

(1)「ぼく」の　あしが、「おまつり」を　して　いる　ことが　わかる　ことばを　書きましょう。

（　　　　）

(2)「ぼく」は、「おまつり」を　して　いる　あしを　見て、どんな　気もちに　なりますか。

（　　　　）

(3)「わっしょい　わっしょい」と　同じように、くりかえしの　リズムを　つかって　いる　ことばを　書きましょう。

（　　　　）

(4)「ぼく」が　あまり　なけないのは、なぜですか。

（　　　　）

(5)□に　入る　虫の　名前《なまえ》に、○を　つけましょう。

アとんぼ　**イ**ばった　**ウ**むかで

11 リズムを つかむ

ハイクラス

時間 25分
合かく 80点
とく点　　点

答え▼べっさつ10ページ

1 つぎの しを 読《よ》んで、といに 答《こた》えましょう。（60点《てん》／一つ15点）

青《あお》い青い秋《あき》ですよ

さかた ひろお

ぶどうの実《み》のなる　ぶどうの木
りんごの実のなる　［　　］
ざんざら風《かぜ》も　ふいとくれ
青い青い秋ですよ
秋ですよ

くるみの実のなる　くるみの木
かりんの実のなる　かりんの木
ざんざか雨も　ふっとくれ
青い青い秋ですよ
秋ですよ

(1) ［　］に 入る ことばを 書《か》きましょう。
（　　　　）

(2) 「ざんざら風も ふいとくれ」は、だれの ことばですか。
（　　　　）

(3) 「ざんざか雨」とは、どんな ようすの 雨ですか。よいものに、○を つけましょう。
ア しずかに 長《なが》く ふりつづく 雨。
イ 台風《たいふう》のように はげしく ふる 雨。
ウ 雪《ゆき》の まじった つめたい 雨。
エ きりのような 細《こま》かい 雨。

(4) 「青い秋」とは いつですか。よいものに、○を つけましょう。
ア 秋のはじまり　**イ** 秋のさなか
ウ 秋のおわり

2 つぎの　しを　読んで、といに　答えましょう。

ほたる　　くすのき　しげお

ほたるのひかりは　ひとつずつ
たくさんいたって　ひとつずつ
ひとつがだいじと
ほたるたち
ぽっぽっぽっぽっ

ほたるはじぶんを　かくさない
どこでもひかって　かくさない
じぶんはここだと
ほたるたち
ぽっぽっぽっぽっ

ほたるのでばんは　なつのよる
ひかってとびかう　□
いのちがうれしいと
ほたるたち
ぽっぽっぽっぽっ

(1) ほたるは、なぜ　どこでも　ひかって　いるのですか。(15点)

（　　　　）

(2) □に　入る　ことばを　書きましょう。(10点)

（　　　　）

(3) ほたるの　ことばを　三つ　書きましょう。(15点／一つ5点)

（　　　　）
（　　　　）
（　　　　）

12 ようすを 考《かんが》える

標準クラス

1 つぎの しを 読《よ》んで、といに 答《こた》えましょう。

秋《あき》になると　くどう なおこ

秋になると
木のみは うれしくなる
いちばん いいようすをして
(見てちょうだい) と
あっちこっちに声《こえ》をかける

そして自分《じぶん》から
ひかりはじめる

(1) 木のみは うれしく なった あと、どうしますか。しの 中の ことばで 書《か》きましょう。

(　　　　　　　　　　)

(2) なぜ「自分から ひかりはじめる」のですか。

(　　　　　　　　　　)

2 つぎの しを 読んで、といに 答えましょう。

おなかのへるうた　さかた ひろお

どうしておなかがへるのかな
けんかをするとへるのかな
なかよししててもへるもんな
かあちゃん かあちゃん
おなかとせなかがくっつくぞ

どうしておなかがへるのかな
おやつをたべないとへるのかな

答え➡べっさつ11ページ

いくらたべてもへるもんな
かあちゃん　かあちゃん
おなかとせなかがくっつくぞ

(1) 作《さく》しゃが　考えた　おなかが　へる　わけは　なんですか。二つ　書きましょう。

（　　　　）

（　　　　）

(2) 「おなかがへる」とは、どんな　ようすですか。しの　中の　ことばで　書きましょう。

（　　　　）

3 つぎの　しを　読んで、といに　答えましょう。

なみは　手かな　　こわせ　たまみ

なみは　手かな。
海《うみ》の　手かな。
なみうちぎわで
ぱっと　ひらいた。

なみは　手かな。
白い　手かな。
貝が　一つ
ぱっと　なげた。

なみは　手かな。
つないだ　手かな。
なみうちぎわを
ぱっと　かこんだ。

(1) なみを、①だれの　②どんな　③どのように　して　いる　手に　たとえて　いますか。

①（　　　　）

②（　　　　）

③（　　　　）

12 ようすを 考《かんが》える

ハイクラス

時間 25分
合かく 80点
とく点　　点

答え→べっさつ11ページ

1 つぎの しを 読《よ》んで、といに 答《こた》えましょう。

ふきのとう　　　くどう なおこ

よが あけました。
朝《あさ》の 光《ひかり》を あびて、
竹やぶの 竹の はっぱが、
「さむかったね。」
「うん、さむかったね。」
と、ささやいて います。
雪《ゆき》が まだ すこし のこって、
あたりは しんと して います。
どこかで、小さな こえが しました。
「よいしょ、よいしょ。おもたいな。」
竹やぶの そばの ふきのとうです。

(1) きせつは、いつですか。よい ものに、○を つけましょう。(10点《てん》)
ア 冬《ふゆ》の はじめ　イ 春《はる》の はじめ
ウ 秋《あき》の はじめ

(2) あたりは、どんな ようすですか。(15点)
（　　　　）

(3) 「小さな こえ」とは、①どこから 聞《き》こえて くる、②だれの こえですか。(20点／一つ10点)
①（　　　　）
②（　　　　）

(4) 何《なに》が おもたいのですか。(15点)
（　　　　）

2 つぎの　しを　読んで、といに　答えましょう。

ぞうの　かくれんぼ　　たかぎ　あきこ

ぞうさんと　ぞうさんと
かくれんぼ。
もう　いいかい。
まあだだよ。

木の　かげも、
いわの　後《うし》ろも、
しげみの　中も。

かくれようと　すると、
はなが　じゃま。
耳が　じゃま。
おしりが　じゃま。

もう　いいかいったら
もう　いいかい。
まあだだよったら、
まあだだよ。
もう　いいかいの　ぞうさん、
あくびを　一つ。

まあだだよの　ぞうさん、
うろ　うろ　うろ。
ぞうさんと　ぞうさんの
かくれんぼ。
あんまり　からだが
大きくて、
かくれる　ところが
ありません。

(1) だれと　だれが、かくれんぼを　して　いますか。（10点）

（　　　　　　）

(2) どこに　かくれようと　しましたか。三つ　書《か》きましょう。（15点／一つ5点）

（　　　　　　）（　　　　　　）

（　　　　　　）

(3) かくれる　とき、何が　じゃまに　なりますか。三つ　書きましょう。（15点／一つ5点）

（　　　　　　）（　　　　　　）（　　　　　　）

13 だいじな　ことを　読《よ》みとる

標準クラス

1 つぎの　しを　読んで、といに　答《こた》えましょう。

ことり　まど・みちお

ことり
ことりは
そらで　うまれたか
うれしそうに　とぶよ
なつかしそうに　とぶよ
ことりが
そらの　なかを

ことりは
くもの　おとうとか
うれしそうに　いくよ
なつかしそうに　いくよ
ことりが
くもの　そばへ

(1) ことりを　たとえて　いる　ひょうげんを　二つ　書《か》きぬきましょう。

（　　　　）
（　　　　）

(2) ことりが　とぶ　ようすを　あらわす　ことばを　二つ　書きぬきましょう。

（　　　　）
（　　　　）

答え▼べっさつ11ページ

2 つぎの しを 読んで、といに 答えましょう。

てんとうむし

かわさき ひろし

いっぴきでも
てんとうむしだよ
ちいさくても
ぞうとおなじいのちを
いっこ もっている
ぼくをみつけたら
こんにちはって いってね
そしたらぼくも
てんとうむしのことばで
こんにちはっていうから
きみには きこえないけど

(1) てんとうむしは、何《なに》を もって いるの ですか。

（　　　　　　　　　　　　）

(2) 「ぼく」と「きみ」は、それぞれ だれの ことですか。記《き》ごうを 書きましょう。

ぼく（　　　） きみ（　　　）

ア てんとうむし　**イ** ぞう
ウ どくしゃ　**エ** 花

(3) この しから つたわって くること として よい ものに ○を つけましょう。

ア てんとうむしは、ぞうのように 大きく なりたいと いう こと。

イ てんとうむしは、小さいからと いって、よわい 生きものでは ないと いう こと。

ウ てんとうむしは、子どもたちと なかよく なりたいと いう こと。

時間 25分
合かく 80点
とく点　点

答え べっさつ12ページ

1 つぎの しを 読んで、といに 答《こた》えましょう。

真夜中《まよなか》のこもりうた　くどう なおこ

せかいじゅうの おばけが おいかけて きて
も かあさんの やわらかい むねに もぐっ
て いれば
そこは ゆりかご ねむく なる
おやすみ おやすみ
うとうと おやすみ

せかいじゅうの あらしが さけんで いて
も かあさんの うたう 声《こえ》が きこえて
くれば
そこは そよかぜ ねむく なる
おやすみ おやすみ
しずかに おやすみ

せかいじゅうの くらやみが おしよせても
かあさんの しずかな 目に みつめられて
いれば
そこは ひだまり ねむく なる
おやすみ おやすみ
ゆっくり おやすみ

(1) 「そこ」は、どこの ことですか。(10点《てん》)

（　　　　　）

(2) この しが いつ 書《か》かれたのか、わかる ことばを だいめい いがいから 二つ 書きぬきましょう。(20点／一つ10点)

（　　　　　）（　　　　　）

(3) 「あらし」「うたう 声」「そよかぜ」に きょうつうする ものを 一字の かん字で 書きましょう。(10点)

(4) この しに よまれて いる 気もちを 書きましょう。(10点)

（　　　）

2 つぎの しを 読んで、といに 答えましょう。

ちょうちょと ハンカチ
みやざわ しょうじ

ひとりで のはらを とびながら、
白い ちょうちょが
ハンカチを 見つけた。
「あれ あれ、
大きな 白い ものが おちてる。
きっと とべない
ちょうちょだね。」

風《かぜ》ふく のはらの くさの 上、
白い ちょうちょを
ハンカチが 見上げた。
「あれ あれ、
小さな 白い ものが とんでく。
風の 子どもの
ハンカチだろ。」

(1) ちょうちょは、①何《なに》を 見つけて、②それを 何《なん》だと 思《おも》いましたか。(20点／一つ10点)

①（　　　）

②（　　　）

(2) ハンカチは、どこに ありましたか。(10点)

（　　　）

(3) ハンカチは、①何を 見上げて、②それを 何だと 思いましたか。(20点／一つ10点)

①（　　　）

②（　　　）

チャレンジテスト④

答え　べっさつ12ページ

時間	25分
合かく	80点
とく点	点

1 つぎの　しを　読《よ》んで、といに　答《こた》えましょう。

おおきくなったら

すがわら　ゆうこ

おおきくなったら
ぼくは　おおくわがたに
なろうと　おもっていた
むっちゃんは　かぶとむしに
なるつもりだった
あの　くろくてぴかぴかのやつ

おおきくなっても
なりたいものに
かならず
なれる　わけではないってこと
わかってしまったの
いつからだったか

それでも
やっぱり　ぼくは
おおくわがたに　なりたい
むっちゃんも　やっぱり
□　なりたいと
おもっているかなあ

(1) おおきく　なったら、①「ぼく」と、②むっちゃんは、何《なに》に　なりたかったのですか。（20点《てん》／一つ10点）

①（　　　　）

②（　　　　）

(2)「なろうと　おもっていた」「なるつもりだった」と　言《い》って　いるのは　なぜですか。（25点）

（　　　　）

(3)「ぼく」は、どんな　ことを「わかって　しまった」のですか。（25点）

（　　　　　　　　）

(4) □に　入る　ことばを　しの　中から　書《か》きぬきましょう。（10点）

（　　　　　　　　）

2 つぎの　しを　読んで、といに　答えましょう。（20点／一つ10点）

ばったの　歌《うた》　おうち　やすゆき

ばった
草の　色《いろ》から
ぴょんと　とび出す　ばった。
じっと　してれば
はっぱと　おんなじ　ばった。

ぴょんと　とばなきゃ
見つから　ないのに　ばった。

ばった
草の　色から
ぴょんと　とび出す　ばった。
じっと　してたら
はっぱに　なっちゃう　ばった。

ばっただからね
ぴょんと　とびたい　ばった。

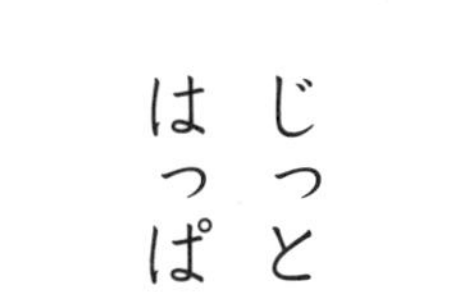

(1) 文の　さい後《ご》は　同《おな》じ　ことばで　おわって、リズムを　作《つく》って　います。どんな　ことばですか。

（　　　　　　　　）

(2) ばったは、なぜ　ぴょんと　とびたいと　言って　いますか。

（　　　　　　　　）

14 じゅんじょよく 読《よ》む

標準クラス

1 つぎの 文しょうを 読んで、といに 答《こた》えましょう。

たねを つつんで いた みの かわを はじけさせ、その 力で、たねを 遠《とお》くへ とばして ちらせる しょくぶつが あります。

　たねを 地《じ》めんに こぼしおとすだけでは、せまい 場《ば》しょに、かさなりあうようにして めばえ、おたがいに せい長《ちょう》の じゃまを します。

　しかし、はじけとぶ たねは、広《ひろ》い 場しょに ちる ことが でき、めばえが かさなりあう ことも 少《すく》なく なります。

　はじけとぶ たねの、とびちる きょりにも かぎりが あります。ですから、この ちり方《かた》を する なかまも、たいてい みっしゅうして はえて います。

　ホウセンカの 花は、一つ一つ えで つるされて います。花が ちった あと、その えの 先に、ラグビーボール形《がた》の みが つきます。

　やがて、みの 中の たねが じゅくしてくると、きゅうに みが さけて、ちゃ色《いろ》の たねが、いきおいよく とびだします。また、みが おちて、はじける ものも あります。

（はに しゃぼう「たねの ゆくえ」はぶいたり、みじかく まとめた ところが あります。）

(1) ホウセンカに おこる じゅんに、番《ばん》ごうを 書《か》きましょう。

（　）みが さけて たねが、とびだす。

（　）ラグビーボール形の みが つく。

（　）みの 中の たねが じゅくして くる。

答え べっさつ12ページ

（　　）一つ一つ　えで　つるされた
花が　さく。

2 つぎの　文しょうを　読んで、といに　答えましょう。

四月、春の　あたたかい　太《たい》ようの　下で、草や　木の　めが、すくすくと　のびはじめる　きせつが　やって　きました。にわの　土の　上などで、クロオオアリが　かつどうを　はじめます。

まず、すづくりです。冬の　間《あいだ》、雨や　雪《ゆき》の　ために、くずれたり、ふさがったり　して　しまった　あなを　しゅうりします。そして、何《なん》びきもの　はたらきアリたちが、すの　中から　土を　はこびだし、力を　あわせて　すを　大きく　して　いくのです。

すの　かくちょう工《こう》じが　いちだんらくすると、こんどは、えものさがしに　出かけます。

クロオオアリは、ふだんは　一ぴきずつで　えものを　さがしに　出かけます。小さな　えものは　くわえて、みつは　おなかの　中に　たくわえて　もち帰《かえ》ります。

えものが　一ぴきでは　はこべないほど　大きい　ときや、たくさん　みつが　ある　ところが　わかった　ときには、すに　帰って　なかまに　知《し》らせ、その　場しょまで　あんないします。

あんないやくの　アリの　あとに　ついて、すから　何びきもの　アリが、えものを　めざして　出かけて　いきます。

（くりばやし　さとし「アリの　世《せ》かい」
はぶいたり、みじかく　まとめた　ところが　あります。）

(1) クロオオアリの　かつどうの　じゅんに、番ごうを　書きましょう。

（　　）くずれた　あなを　しゅうりする。

（　　）えものの　ことを　なかまに　知らせる。

（　　）すの　中から　土を　はこびだす。

（　　）えものを　めざして　みんなで　出かける。

（　　）えものを　さがしに　出かける。

時間 30分
合かく 80点
とく点 点

答え▼べっさつ13ページ

1 つぎの 文しょうを 読んで、といに 答《こた》えましょう。

広大《こうだい》な *しょうないへい野《や》の かたすみに、上池《かみいけ》と 下池《しもいけ》の 二《ふた》つの 池が あります。秋《あき》、十月に なると、シベリアなどの 北《きた》の 方《ほう》から、マガモや コガモなどの 水鳥《みずどり》たちが、いっぱい 池に わたって きます。

マガモや コガモなどから、二しゅう間《かん》くらい おくれて、コハクチョウや オオハクチョウの むれも、上池や 下池に やって きました。

二つの 池に あつまった 水鳥たちは、はねを 休めながら、ガアガア、アッハハハー、コォッーと、にぎやかに ないて います。その 数《かず》は、三万《まん》ば いじょうに なります。

秋 おそく、十一月ころに あつまった カモたちは、夕方《ゆうがた》、上池で *らんぶしながら とび交《か》って いました。そこは、「水鳥たちの 楽園《らくえん》」です。

□、十二月に なると、ひと足 おくれて、ガンの なかまの ヒシクイや オオヒシクイも、上池や 下池に とんで きました。コハクチョウ、オオヒシクイ、オオハクチョウ、マガモなど、水鳥たちは、上池や 下池を 外《がい》てきから みを まもる ねぐらに して、あん心《しん》して 一夜《いちや》を すごします。

何万《なんまん》ばを こえる、たくさんの 水鳥たちの えさは、この 上池や 下池だけでは まにあいません。この ため、おちぼや 水草、カエルや フナ、ドジョウなどを とりに、水鳥たちは、朝《あさ》 はやくから、広大な しょうないへい野の たんぼや 川に、とん

で　いきます。

（おおた　たけし「水鳥たちの　楽園」）

＊しょうないへい野…山形《やまがた》けんに　ある　広《ひろ》くて　たいらな　土地《とち》。

＊らんぶ…いりみだれて　おどりくるう　こと。

(1) 秋に　なると、しょうないへい野の　池には　どんな　ことが　おきますか。（10点《てん》）

（　　　　）

(2) コハクチョウや　オオハクチョウが　やってきた　ころ、水鳥たちは、何ばに　なりますか。（5点）

（　　　　）

(3) 「水鳥たちの　楽園」は、①どこに　ありますか。また、②どんな　ことが　おきて　いますか。（20点／一つ10点）

①（　　　　）

②（　　　　）

(4) □に　入る　ことばとして、よいものに、○を　つけましょう。（5点）

ア　しかし　　イ　すると　　ウ　そして

(5) 上池と　下池に　やって　くる　水鳥を　まとまりごとに　じゅんに　三つ　書《か》きましょう。（30点／一つ10点）

①（　　　　）

②（　　　　）

③（　　　　）

(6) 夜、水鳥たちに　とって　二つの　池は　どんな　場《ば》しょ　ですか。（10点）

（　　　　）

(7) 水鳥たちは、①えさを　どこで　とりますか。また、②どんな　ものを　えさに　しますか。（20点／一つ10点）

①（　　　　）

②（　　　　）

15 まとまりごとに 読《よ》む

標準クラス

1 つぎの 文しょうを 読んで、といに 答《こた》えましょう。

きみの 友《とも》だちにも、体《たい》じゅうの おもい子や かるい 子が いるように、星《ほし》にもおもい 星や かるい 星が あります。

おもい 星は、原子力《げんしりょく》の エネルギーのねんりょうを たくさん もって いるので、ずっと 長《なが》く かがやいて いられそうですが、じつは、はんたいに みじかいのです。それは、おもい 星ほど 明《あか》るく かがやいて、それだけ はやく ねんりょうをつかいはたして しまうからです。

たとえば、おおいぬざの シリウスは 太《たい》ようの 二ばいも おもい 星なので、二ばいも ねんりょうを 多《おお》く もって います。

□、明るさは 太ようの 四十ばいもあるので、四十ばいも よけいに ねんりょうを つかって いる わけです。

こんなに ねんりょうを どんどん つかったのでは、あっという まに つかいはたして しまいます。

太ようは、ゆっくり ねんりょうを つかって いるので、百おく年は かがやきつづける ことが できますが、シリウスは五おく年しか 光《ひか》って いる ことが できません。

おうしざの *プレアデス星《せい》だんの 星は、太ようより 十ばいも おもい 星なので、どんどん ねんりょうを つかって しまい、たった 二おく年くらいしか 光っている ことが できません。

答え▼べっさつ13ページ

二おく年しか　生きられない　星が、今《いま》かがやいて　いるのは、この　星たちが、まだ　生まれて　二おく年　たって　いないと　いう　ことに　なるのです。

（ふじい　あきら「星の　一生」）

＊プレアデス星だん＝「すばる」とも　よばれる。「星だん」は　星の　あつまりの　こと。

(1) 星は　かがやくのに　どんな　ねんりょうを　つかって　いますか。

（　　　　）

(2) おもい　星は、なぜ　かがやく　きかんが　みじかいのですか。

（　　　　）

(3) おおいぬざの　シリウスは、太ようの　何ばいの　ねんりょうを　つかって　いますか。

（　　）ばい

(4) □に　入る　ことばと　して、よい　ものに　○を　つけましょう。

ア　それから　イ　でも　ウ　ところで

(5) おうしざの　プレアデス星だんの　星は、なぜ　今も　かがやいて　いるのですか。

（　　　　）

(6) つぎの　文の　中で、太ようの　ことを　言って　いるのは　どれですか。よい　ものに　○を　つけましょう。

ア　あっと　いうまに　ねんりょうを　つかって　しまう。

イ　二おく年も　光って　いられる。

ウ　おもさは　シリウスの　半分《はんぶん》しか　ない。

(7) ①おおいぬざの　シリウス、②太よう、③おうしざの　プレアデス星だんの　星を、ながく　かがやいて　いる　じゅんに、書《か》きましょう。

（　　）→（　　）→（　　）

15 まとまりごとに 読《よ》む

ハイクラス

時間 30分　合かく 80点　とく点　点

答え べっさつ14ページ

1 つぎの 文しょうを 読んで、といに 答《こた》えましょう。

【せかいじゅうを 見わたして、どう やって 口に 食《た》べものを はこぶかを 見ると、だいたい 三つに 分《わ》けられる。日本や 中国《ちゅうごく》の ように おはしを つかう ところと、インドの ように 手で 食べる ところと、そして、ヨーロッパなどの ように フォークと ナイフを つかう ところ。ヨーロッパから うつって きた 人たちの 子《し》そんが 多《おお》い、アメリカとか、オーストラリアなども フォークと ナイフで 食べる ところだ。】

　でも、いつも フォークと ナイフを つかって いる わけじゃ ない。ヨーロッパや アメリカで はじまった、サンドイッチや ハンバーガーは、やっぱり 手で 食べて いる。あ、そう いえば、おにぎりと 同《おな》じだなあ。

　むかしは みんな 手で 食べて いたのに、おはしや フォークを つかうように なった ところが ある、という ことは、今《いま》でも 手で 食べて いる ところは、「おくれて いる」って ことなのだろうか。

　いや、そんな ことは ないんだ。インドりょう理《り》の ミラ先生に 教《おそ》わったら、手で 食べるのにも、いろいろな きまりが あった。手で 食べる「おぎょうぎ」が あったんだ。

　そして、先生は「りょう理を 手でも あじわうのよ」と 言《い》って いた。おはしや フォークを つかうように「　あ　」ところも あれば、手で おいしく、きれいに 食べる 方《ほう》ほうを「　い　」ところ

も ある、という ことなんだ。
（もりえだ たかし「手で 食べる？」）

(1)【 】に 出て くる 国や 地《ち》いきを、つぎの グループに 分けましょう。（30点《てん》／一つ10点）

①おはしを つかう（ ）
②手で 食べる（ ）
③フォークと ナイフを つかう（ ）

(2) ヨーロッパや アメリカでは、①ふだんと ②サンドイッチを 食べる ときでは、使うものは どう ちがいますか。（20点／一つ10点）

①（ ）
②（ ）

(3)「いろいろな きまり」は べつの 言い方《かた》で 何《なん》と 書《か》かれて いますか。（20点）

（ ）

(4) あ・い の それぞれには、「すすんで いった」と「すすめて いった」の どちらが 入りますか。（20点／一つ10点）

あ（ ）
い（ ）

(5) 作《さく》しゃの 言って いる ことに あてはまる ものに ○を つけましょう。（10点）

ア 手で 食べる ことは「おくれて いる」ことでは ない。
イ フォークと ナイフよりも 手で 食べる 方が 日本人には あって いる。
ウ りょう理は、手で 食べる 方が おいしい。

16 だいじな ことを 読《よ》みとる

標準クラス

1 つぎの 文しょうを 読んで、といに 答《こた》えましょう。

木から おちた どんぐりの うちの 多《おお》くは、林に すんで いる りすや ねずみのような どうぶつたちの、たいへん よい 食べものに なります。どんぐりには、えいようが たくさん あるからです。

どうぶつに 食べられなかった どんぐりの うちの いくつかは、しばらく すると、めを 出します。でも、冬《ふゆ》に なって、つめたい 風《かぜ》が ふきだし、しもが おりるように なると、しもに 当《あ》たった めは、かれて しまいます。うんよく、おちばなどの かげに あって、しもに あわなかった どんぐりの めだけが のこります。そして、その まま 春《はる》を まつのです。

（ひろい としお「林の どんぐり」）

(1) どんぐりは、なぜ どうぶつたちの たいへん よい 食べものなのですか。

（　　　　　　　　　　）

(2) 冬に どんぐりの めが かれて しまう げんいんは、何《なに》ですか。

（　　　　　　　　　　）

(3) どんな どんぐりの めが、春を まつ のですか。

（　　　　　　　　　　）

答え べっさつ14ページ

2 つぎの 文しょうを 読んで、といに答えましょう。

大むかしは、サボテンにも 広《ひろ》い はがあり、ふつうの 木や 草と いっしょにはえて いました。

しかし、アメリカ大りくの 西《にし》がわの 大《だい》地《ち》が もりあがり 山みゃくと なってからは、海《うみ》から へだたった 地方《ちほう》は すっかり雨の りょうが 少《すく》なく なり、大地が あれはてると ともに 多くの しょくぶつがほろんで しまいました。

でも、からだの 形《かたち》を かえて、生きつづけて きた しょくぶつが あります。サボテンです。わずかでも 雨が ふると、少しでも 多く 水を すいあげ、たくわえておけるように、長《なが》い 時代《じだい》 かかって くきを 太《ふと》く して いきました。

かんそうが つづく間《あいだ》、くきの 中に たくわえて おいた 水分で 生きて いこうと いう わけです。

（はにしゃぼう「サボテンの ふしぎ」）

---

(1) なぜ 多くの しょくぶつが ほろんだのですか。（　）に あてはまる ことばを 書《か》き入れましょう。

雨の ①（　　　　）、

大地が②（　　　　）から。

(2) サボテンが 生きつづける ために、①からだの どこの 形を ②どのようにかえたのですか。

①（　　　　）　②（　　　　）

(3) ふつうの 木や 草と ちがう サボテンの からだの とくちょうは どのような ところですか。

（　　　　）

時間 30分
合かく 80点
とく点 点

答え べっさつ15ページ

1 つぎの 文しょうを 読んで、といに 答《こた》えましょう。

公園《こうえん》、道《みち》ばた、空《あ》き地《ち》……。ぼくらの みのまわりには、いろいろな 場《ば》しょに いろいろな 草が 生えて いる。そんな 草を さがしに 出かけよう。

ぼうけん家《か》には たびの じゅんびが、ゆうしゃには たたかいの じゅんびが ひつようなように、草の 大けんきゅうに 出かけるにも じゅんびが ひつようと なる。

まず 大切《たいせつ》なのは、ふくそう。あつい 夏《なつ》でも 長《なが》そで、長ズボンを 用意《ようい》しよう。切《き》れやすい はっぱや 草の とげから、手や 足を まもる ためだ。そして、ぼうしも かぶろう。ぼうしは 強《つよ》すぎる 太《たい》ようの 光を ふせぐだけで なく、木の えだや、上から おちて くる 木のみなどから 頭《あたま》を まもって くれる。それに まぶしい 光を さえぎって くれるので、かんさつも しやすい。

もちものは できるだけ 少《すく》ない ほうが いい。家《いえ》の 近《ちか》くに 行《い》くだけなら、何《なに》も もって いかなくて いい。ただ、ビニールぶくろを ポケットに 入れて 行こう。名《な》前《まえ》が わからない 草を、もって 帰《かえ》って しらべる ことも できる。草だけじゃ ない。セミの ぬけがらや、ドングリ、きれいな 石など、草の 大けんきゅうに 出かけると、いろいろと おもしろい ものが 見つかる。気に なる ものは 何《なん》でも ビニールぶくろに 入れて しまおう。水とうや 図《ず》かんなどを もって 出かける ときには、りょう手が つかえるように、小さな リュックサックに 入れて おくと いい。

それから、虫めがねを　一つ　もって　いくと　とても　楽《たの》しく　なる。ばいりつ　十ばいくらいの　ルーペが　いいけれど、学校で　つかう　ばいりつ　二ばいくらいの　虫めがねでも　十分《じゅうぶん》だ。見なれた　草も、虫めがねで　のぞきこむだけで、おもしろい　はっ見《けん》が　ある。まさに　虫めがねは、草の　ふしぎな　せかいを　たずねる　ための「まほうの　つえ」なのだ。

（いながき ひでひろ「草の　ふしぎ　大けんきゅう」）

(1) 草を　さがしに　出かける　ことを　何と　ひょうげんして　いますか。（20点《てん》）

（　　　　）

(2) ふくそうが　大切なのは、何から　みを　まもる　ためですか。三つ　書《か》きましょう。（45点／一つ15点）

（　　　　）

（　　　　）

（　　　　）

(3) 草を　さがしに　出かける　ときの　ようすで、正しい　ものに　○を　つけましょう。（15点）

ア　あつい　夏は　半《はん》そで、半ズボン、ぼうし、ビニールぶくろ、リュックサック

イ　動きやすい　ふくそう、ぼうし、ビニールぶくろ、大きめの　かばん、虫めがね

ウ　長そで、長ズボン、ぼうし、ビニールぶくろ、リュックサック、虫めがね

(4) 虫めがねは　なぜ「まほうの　つえ」なのですか。（20点）

（　　　　）

チャレンジテスト⑤

答え べっさつ15ページ

時間	30分
合かく	80点
とく点	点

1 つぎの 文しょうを 読《よ》んで、といに 答《こた》えましょう。

夕方《ゆうがた》、まだ 明《あか》るい 西《にし》の 空に、ほそい ほそい *三日月《みかづき》が、かかって いるのを、見た ことが あるでしょう。

早く 見ないと、森の むこうに しずんで しまいそうです。

あしたは、どんな 月に 見えると 思《おも》いますか。

日にちが たつと、月は だんだん 大きく ふとって、十五日めの 夕方には、東《ひがし》の 空から まんまるい、まん月《げつ》に なって のぼって きます。

どうして 月は、こんなに 大きく 見えるのでしょう。それは 地《ち》きゅうに いちばん 近《ちか》い 星《ほし》だからです。

まん月を すぎると、こんどは、はんたいがわから かけて きます。

月は、じぶんで 光《ひか》らないで、太《たい》ように てらされて 光って います。

そして、地きゅうの まわりを、だいたい 一か月 かかって ひとまわりするのです。

（ふじい あきら「月を みよう」）

*地きゅうから 見て 月が 太ようと 同じ 方こうに いる ときを「しん月」と いいます。しん月から 三日 すぎた 月を 三日月と いいます。

(1) 三日月は、①どのような 空に 見えますか。また、②しん月から 何《なん》日 すぎた 月ですか。（20点《てん》／一つ10点）

①（　　　　）

②（　　　　）すぎた 月

(2) まん月は、夕方、どちらの 方がくに 見えますか。(10点)

（　　　　）

(3) 月が どのように 形《かたち》が かわるかを

①じゅんに 書《か》きましょう。(30点／各組完答15点)

三日月→（　　）→（　　）→（　　）

②絵を ならべかえましょう。

（　　）→（　　）→（　　）→（　　）

(4) 月は なぜ こんなに 大きく 見える のですか。(10点)

（　　　　）

(5) 月が 光る しくみを 書きましょう。(10点)

（　　　　）

(6) つぎの 図《ず》で、赤い やじるし（←）は 太ようの 光を あらわします。「しん月」は どこですか。記《き》ごうに ○を つけましょう。(10点)

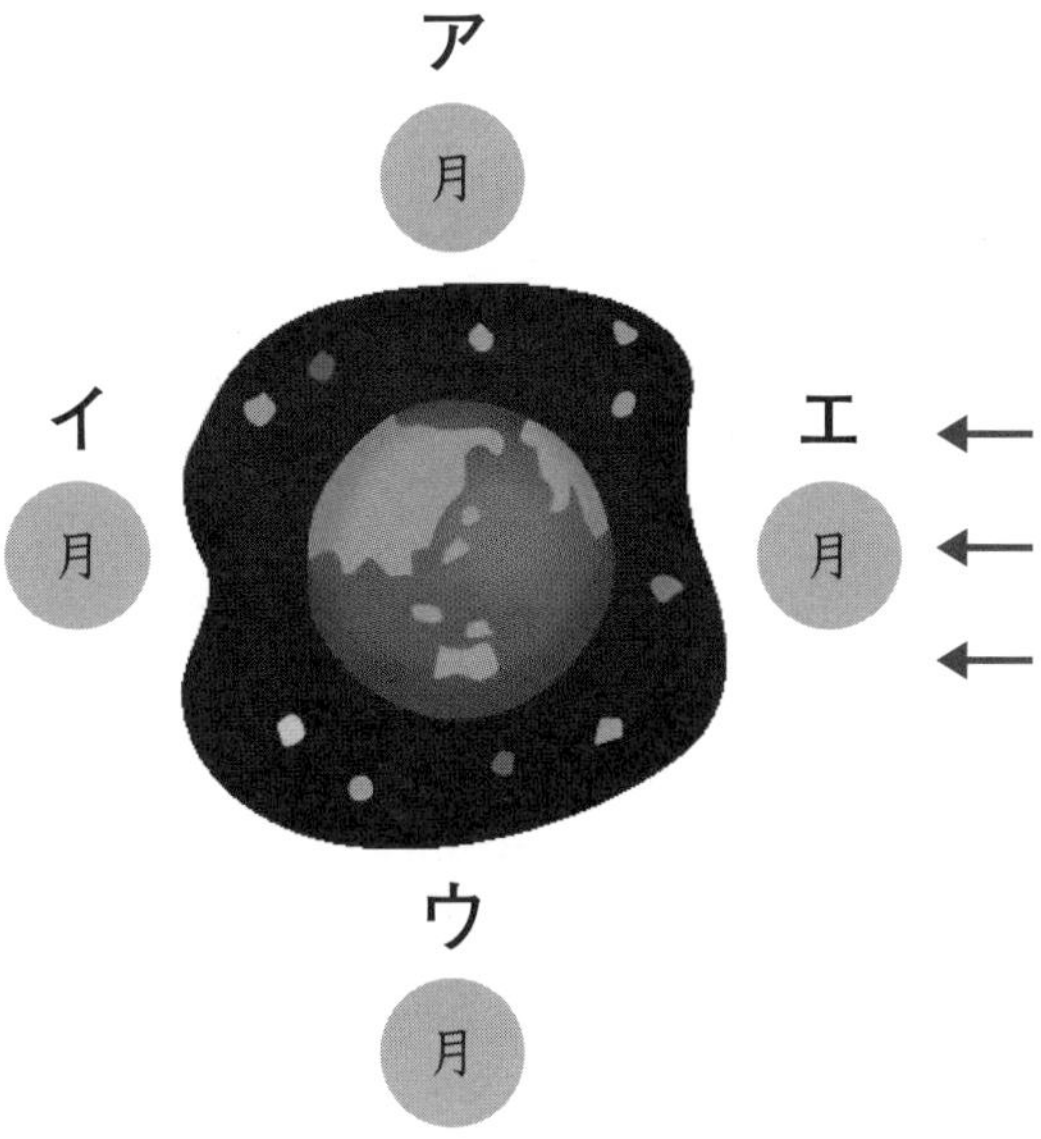

(7) 月が 三月十日に 地きゅうの まわりを まわりはじめたと すると、ひとまわり するのは だいたい 何月 何日ですか。(10点)

（　　）月（　　）日

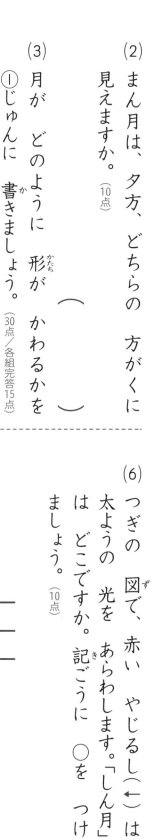

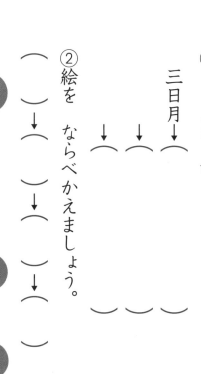

17 生《せい》活《かつ》文《ぶん》

標準クラス

1 つぎの 文しょうを 読《よ》んで、といに 答《こた》えましょう。

ぼくは、このまえの 日曜日《にちようび》に、まさとくんと 雪《ゆき》だるまを 作《つく》りました。

はじめに、小さな 雪の 玉を 作って、雪の 上を ころがしました。まさとくんと きょうそうで ころがしました。

ぼくの ほうが 大きかったので、ぼくの 玉の 上に、まさとくんの 作った 玉を のせました。ぼくたちの せいぐらいの 雪だるまが できました。

「目や 口は、なんで 作ろうか。」と、まさとくんが いいました。ぼくは、だいどころを さがして、こちこちに なった しょくパンの みみを 見つけて きました。

---

(1) 「ぼく」は、①いつ ②だれと 雪だるまを 作りましたか。

①（　　　　） ②（　　　　）

(2) はじめに 何《なに》を 作りましたか。

（　　　　）

(3) なぜ、まさとくんの 作った 玉を、「ぼく」の 玉の 上に のせたのですか。

（　　　　）

(4) 目や 口を 作るために 「ぼく」は、①どこへ さがしに いき、②何を 見つけましたか。

①（　　　　）

②（　　　　）

答え▼べっさつ15ページ

2 つぎの 文しょうを 読んで、といに 答えましょう。

わたしは、きのう、えんがわで お母《かあ》さんに、かみの 毛《け》を 切《き》って もらいました。

わたしは、前《まえ》がみを のばした ままにして おきたかったので、切るのが いやでした。でも、お母さんが、

「もう、切らなければ、だめ。」

と、きつく いうので、しかたなく えんがわに すわりました。

目を とじて いると、シャキ シャキと、毛を 切る 音が します。

ときどき、はさみが ひやっと、ひたいに 当《あ》たります。

(1) 「わたし」は、なぜ いやだったのですか。

（　　　　）

(2) 目を とじて いると、どんな ことを かんじましたか。二つ 書《か》きましょう。

（　　　　）

（　　　　）

---

3 つぎの 文しょうを 読んで、といに 答えましょう。

ぼくは よしおくんと、おたまじゃくしを とりに 行《い》きました。

池《いけ》には おたまじゃくしが たくさん いました。もう うしろ足の 出たのや、おのつけねの ふくれたのや、まだ 小さいのが、たくさん およいで いました。ぼくは くつを ぬいで 池の 中に 入りました。ざるで そっと すくい上げると 五、六ぴき とれました。

(1) 「ぼく」は、①だれと ②どこへ ③何を とりに 行きましたか。

①（　　　　） ②（　　　　）

③（　　　　）を とりに 行った。

(2) どんな おたまじゃくしが いましたか。

（　　　　）

17 生活文《せいかつぶん》

ハイクラス

時間 25分
合かく 80点
とく点 点

答え▼べっさつ16ページ

1 つぎの　文しょうを　読《よ》んで、といに　答《こた》えましょう。

今日《きょう》の　三時間《じかん》目に、ひなんくんれんが　ありました。ぼくの　学校では、火じの　ときと　じしんの　とき、それぞれに　くんれんが　あります。その　日が　何《なん》の　ひなんくんれんに　なるかは、当日《とうじつ》に　ならないと　わかりません。だから、ほうそうが　はじまると、きんちょうして　耳を　かたむけます。

「じどうの　みなさん、ひなんくんれんです。きゅう食室《しょくしつ》で　火さいが　はっ生しました。しずかに　ろうかに　ならんで　校ていに　ひなんしましょう。」

ぼくは、ほうそうを　聞《き》きながら、ぼうさいずきんを　かぶって、ハンカチで　口を　おさえました。ふと　見ると、となりの　せきの　もみ山くんが　あわてて　います。

「どうしよう。とれないよ。」

もみ山くんは　ぼうさいずきんの　ひもが、いすに　ひっかかって　からまって　いたのでした。

「もみ山くん、だいじょうぶ？」

ぼくは　手つだって　あげないと、と思《おも》い、力いっぱい　ひもを　ひっぱりました。しかし、かえって　強《つよ》く　しめつけられて　しまいました。

「先に　行《い》って　いいよ。」

と、もみ山くんは　言《い》いました。

「でも……。」

まよって　いると　先生が　きて　くれました。

「木村くんは［　　　　］。」

ぼくが　校ていに　ひなんした　あと、もみ山くんと　先生が　やって　きました。

「さとしくん、さっきは　ありがとう。」
「ううん。先に　行って　ごめんね。」
「本当《ほんとう》の　火じだったら　たいへんだったね。」
ぼくたちは　ぼうさいずきんを　ぬぎながら　教室《きょうしつ》に　もどりました。

(1)「ぼく」は　なぜ　きんちょうして　ほうそうを　聞いて　いたのですか。(15点《てん》)

（　　　　　　　　）

(2)この日は　何の　ひなんくんれんでしたか。(15点)

（　　　　　　　　）

(3)「ぼく」は　ほうそうを　聞きながら、何を　しましたか。(15点)

（　　　　　　　　）

(4)「ぼく」は　なぜ　もみ山くんに「だいじょうぶ？」と　言ったのですか。(20点)

（　　　　　　　　）

---

(5)文しょう中の［　　］に　入る　ことばに　○を　つけましょう。(15点)

ア もみ山くんを　手つだいなさい

イ 早く　校ていに　ひなんしなさい

ウ 先生と　いっしょに　ひなんしなさい

(6)教室に　もどる　とき、ぼくと　もみ山くんは　どう　思いましたか。(20点)

（　　　　　　　　）

(7)「でも……。」の　ときの「ぼく」の　気もちとして、よい　ものに　○を　つけましょう。(10点)

ア ひなんが　おそいので　先生に　しかられないか　心ぱいだ。

イ もみ山くんは　先に　ひなんする　よう言ったが　手つだって　あげたい。

ウ はやく　ひなんしたいが　もみ山くんに　ひきとめられて　こまっている。

18 日《にっ》記《き》

標準クラス

1 つぎの 日記を 読《よ》んで、といに 答《こた》え ましょう。

十一月十二日(金) はれ

今日《きょう》は、にいさんと 林に 行《い》きました。うめや、さくらの えだに、みのむしの うちが ついて いました。小さい えだを あつめて 作《つく》ったのや、木のはで 作ったのが たくさん ありました。にいさんに 聞《き》いたら、口から 出した 糸で はや 小えだを くっつけて 作るのだと 教《おし》えて くれました。

なぜ、みのむしと いうのかなあと 思《おも》いました。

(1) 「今日」とは、何月何日《なんがつなんにち》の ことですか。

(　　)月(　　)日

(2) ①だれと ②どこへ 行きましたか。

①(　　)　②(　　)

(3) みのむしの 「うち」とは、何の ことですか。よい ものに、○を つけましょう。

ア たまご　イ す　ウ えだ

(4) みのむしの うちは、何《なに》で できて いますか。二つ 書《か》きましょう。

(　　)(　　)

(5) みのむしは、どのように して うちを 作りますか。

(　　)

(6) 日記を 書いた 人が 考えた ことを 本文から ぬきだしましょう。

(　　)

答え▽べっさつ16ページ

2 つぎの 日記を 読んで、といに 答えましょう。

八月二日(月) はれ

今日から 二日間《ふつかかん》、九州《きゅうしゅう》の おばあちゃんの 家《いえ》に とまります。ぼくと お父《とう》さんと お母《かあ》さんは、はね田空こうから 午前《ごぜん》十時《じ》の ひこうきに のりました。

ひこうきに のる ときは、いつも ふじ山を 見るのを 楽《たの》しみに して います。今日は 天気が よくて くもが 少《すく》なかったので、ふじ山 ぜん体《たい》が よく 見えて よかったです。

おばあちゃんの 家に つくと、つめたい すいかを 食《た》べました。

「だれが 一番《いちばん》 遠《とお》くまで たねを とばせるか きょうそうしよう」

と、お父さんが 言《い》うので、みんなで たねを とばしました。ぼくは 思いっきり ふきましたが、お父さんには かないませんでした。でも、おばあちゃんと お母さんには かてたので うれしかったです。

---

(1) ぼくは、八月二日の ①何時の ひこうきで ②だれと 九州に 行きましたか。

① (　　　　) ② (　　　　)

(2) たねとばしでは どのような ことを しますか。

(　　　　)

(3) ぼくは、たねとばしで 何いでしたか。 (　　　　)

(4) 日記は どんな できごとに ついて 書かれて いますか。二つ、書きましょう。

(　　　　)

(　　　　)

時間	25分
合かく	80点
とく点	点

答え▼べっさつ16ページ

1 つぎの 日記を 読《よ》んで、といに 答《こた》えましょう。

　七月一日（月）はれ
来月《らいげつ》、家《いえ》の 近《ちか》くの 公園《こうえん》で 夏《なつ》まつりがあります。ぼくたちは、たくさんの 人がおまつりに 来《く》るように、図工《ずこう》の 時間《じかん》にポスターを 書《か》きました。

　先生が、

「日にち、はじまる 時間、場《ば》しょは かならず 書いて くださいね。あと、おまつりで どんな ことを するかを 入れるとわかりやすいですね。」

と、言《い》ったので、ぼくは、まず、下書きで八月一二日、夕方《ゆうがた》四時から、小鳥《ことり》公園で あることを わすれずに 書きました。

　つぎに 書いたのは、ぼんおどりを おどっている 人たちです。ぼんおどりは 夏まつりで 一番《いちばん》 人気が あるので、ちゅう目されると 思《おも》って まん中に 書きました。

　さいごに、絵《え》のぐで 色《いろ》を ぬりました。□を つかって、夜《よる》の かんじを あらわしました。文字は 目立つように □に しました。人や たいこは はみださないように 小ふでを つかいました。

　かんせいした ポスターは ろうかに はりました。だれかが 夏まつりに 行《い》きたいと 思って くれると いいです。それから、さんかん日に お母《かあ》さんに 見て もらえるのが 楽《たの》しみです。

　七月六日（土）くもり
今日《きょう》は さんかん日でした。この 前《まえ》 書

いた　ポスターを　お母さんが　見て　くれました。

「とっても　じょうずに　書けて　いたわよ。　夏まつりに　いっしょに　行こうね。」

と、言って　くれました。今までは　行ったことが　なかったので、

「ぼくの　ポスターが　よかったから　夏まつりに　行くの？」

と　聞《き》くと、

「そうよ。」

と、にこにこして　いました。

ぼくは、ポスターを　見て　いろいろな人が「夏まつりに　行きたい」と　思ってくれたら　いいなと　思いました。

(1) 夏まつりは、①何月《なんがつ》何日　②何時から　③どこで　ありますか。（30点《てん》／一つ10点）

①（　　）②（　　）③（　　）

(2) 「ぼく」は、先生の　話《はなし》を　聞いて、ポスターの　まん中に、①何を　②なぜ　書いたのですか。②は、（　）に　あうように　書きましょう。（20点／一つ10点）

①（　　）

②先生が、（　　）から。

(3) 二つの □ に　入る　色の　組《く》み合《あ》わせに、○を　つけましょう。（10点）

ア 赤色—オレンジ色

イ 黒《くろ》色—黄《き》色　**ウ** 水色—白色

(4) お母さんは、なぜ　今年《ことし》は　夏まつりに　行こうと　言ったのですか。（20点）

（　　）

(5) ポスターを　書いたのは　何の　ためですか。（20点）

（　　）

19 手《て》紙《がみ》

標準クラス

答え➡べっさつ17ページ

1 つぎの 手紙を 読《よ》んで、といに 答《こた》え ましょう。

おじいさん お元気《げんき》ですか。わたしも 元気に 学校へ 行《い》って います。夏休《なつやす》みには 長《なが》い 間《あいだ》 おせわに なって ありがとう ございました。うら山で とった かぶと虫や くわがたも 元気に して います。毎日《まいにち》 えさを やって だいじに かって います。

九月二十八日は 学校の うんどう会《かい》です。見に 来《き》て ください。

九月十日　　かんなより

おじいさんへ

(1) だれから だれへ 書《か》いた 手紙ですか。

（　　　　）から（　　　　）へ

(2) 何《なに》に ついて おれいを 書いて いますか。

（　　　　）

(3) 何を おねがいして いますか。

（　　　　）

(4) この 手紙は、いつ 書きましたか。

（　　　　）

2 つぎの 手紙を 読んで、といに 答え ましょう。

はるかさん、びょうきは ずいぶん よく なった そうですね。きのう、先生が「はるかさんは、もうすぐ たいいん できるそうですよ。」と 話《はな》して くださいました。先生の お話《はなし》を 聞《き》いて、みんなは、手を たたきました。

きょう、理科《りか》の　時間《じかん》に、花だんの　手入れを　しました。みんなで　まいた　あさがおは、とても　大きく　なりました。はるかさんの　あさがおも、せいの　高《たか》さぐらいに　のびましたよ。
では、早く　なおって、学校に　来て　くださいね。

七月十日　田中《たなか》　しずか

林《はやし》　はるかさんへ

(1) はるかさんは、①今《いま》　どこに　いますか。②それは　どの　ことばで、わかりますか。

①（　　　　　）

②（　　　　　）

(2) この　手紙で、いちばん　知《し》らせたかった　ことは、何《なん》ですか。その　文を　書きぬきましょう。

（　　　　　）

---

3 つぎの　手紙を　読んで、といに　答えましょう。

①おばさん　お元気ですか。
②こんどの　月曜《げつよう》日に　学校で　ひがん花《ばな》の　しゃせいを　する　ことに　なりました。
③日曜日に、おばさんの　家《いえ》の　田の　あぜに　さいて　いる　ひがん花を　いただきに　まいります。
④弟《おとうと》の　ただしと　いっしょに　まいりますので　どうぞ　よろしく　おねがいします。

九月十一日　ひろき

おばさんへ

(1) この　手紙で、いちばん　だいじな　ことは、①から　④の　どれですか。（　　）

(2) なぜ　ひがん花が　いるのですか。

（　　　　　）

時間 25分
合かく 80点
とく点 　　点

答え→べっさつ17ページ

1 つぎの 手紙を 読《よ》んで、といに 答《こた》えましょう。（50点《てん》／一つ10点）

ひろこさん、お元気《げんき》ですか。わたしは今《いま》、家《か》ぞくと 北海道《ほっかいどう》を 旅行《りょこう》して います。きのうは ぼく場《じょう》で 馬《うま》に はじめて のりました。さいしょは こわかったのですが、かかりの 人に 教《おし》えて もらって、のれるように なりました。おとなしい 馬でした。やさしい 目を して います。ひろこさんは 馬に のった ことが あったよね。山や 草原《そうげん》が 広《ひろ》がって いて 空気《くうき》が おいしいです。この ことを 早く つたえたくて 手紙を 書《か》きました。二学《がっ》きに 会《あ》えるのを 楽《たの》しみに して います。ひろこさんが 京都《きょうと》に 旅行した 話《はなし》も 聞《き》かせて ください。

八月十日

ゆりえ

ひろこさんへ

(1) ①「わたし」と ②ひろこさんは、どこに 旅行に 行きましたか。

①（　　　　）②（　　　　）

(2) 「わたし」が のった 馬は、どんな ようすですか。

（　　　　）

(3) 「わたし」は なぜ ひろこさんに 手紙を 書いたのですか。

（　　　　）

(4) あい手に 話《はな》しかける つもりで 書いて いる 文を 書きぬきましょう。

（　　　　）

2 つぎの 手紙を 読んで、といに 答えましょう。（50点／一つ10点）

おばさん こんにちは。この間《あいだ》 おばさんの 家《いえ》から うちに やって きた 子ねこは シロと 名づけました。雪《ゆき》のように 白い 毛《け》が ふさふさだったからです。かわいい ねこを ありがとうございました。

生まれたばかりだったけど、三か月が たち、ずいぶん 大きく なりました。ぼくが だっこしても ずしんと かんじます。

えさも よく 食《た》べて 元気に あそんでいます。ボールを 手で ころがすのが すきみたいで、見て いて とても かわいいです。

おばさんの 家に のこった 四ひきの ねこたちは どんな ふうに すごして いますか。

こんど、さとると いっしょに あそびに 行きますので、ねこを 見せて ください。おじさんに よろしく。さようなら。

十一月二日 ひろし

おばさんへ

(1) おばさんの 家から ねこが きたのは いつですか。

（　　　　）

(2) ねこは ①何と いう 名前《なまえ》で、②なぜ その 名前に なったのですか。

①（　　　　）

②（　　　　）

(3) 「ずいぶん 大きく」なった ことが わかる 文を 書きぬきましょう。

（　　　　）

(4) ねこは 何びき 生まれて いましたか。

（　　　　）

20 話《はな》し合《あ》いの 文

標準クラス

1 つぎの 文しょうを 読《よ》んで、といに 答《こた》えましょう。

ほのか「なにか して あそばない。」
まこと「おにごっこを しよう。」
みさき「なわとびが いいわ。」
ななみ「わたしも なわとびが いいわ。」
ほのか「まことさん。なわとびでも かまわない。」
まこと「いいよ。ぼく なわとび とくいなんだもの。」
かいと「ぼくも いれてよ。」
ほのか「いいわ。」
まこと「じゃんけんで だれが つなを もつか きめよう。」

(1) ここで 話《はなし》を して いる 人は、みんなで 何人《なんにん》ですか。（　　）

(2) 何《なに》を して あそぶ ことに きまりましたか。（　　）

(3) 何の ために じゃんけんを しますか。（　　）

2 つぎの 文しょうを 読んで、といに 答えましょう。

先生　来週《らいしゅう》は 社会科見学《しゃかいかけんがく》が あります。六日《むいか》の 三・四時間《じかん》めに 行《い》く ことに なりました。どこに 行くか、今《いま》から、みんなで 話し合いを しましょう。しんこうがかり おねがいします。

しんじ　はい。それでは まず、回《まわ》る 場《ば》しょ

答え▼べっさつ18ページ

を　きめましょう。

ゆみ子　何かしょ　行けるのですか。

先　生　いどうする　時間が　ひつようなので、三かしょに　して　ください。

けんた　なんだよ。少《すく》ないなあ。

先　生　そんな　こと　言《い》うのは　やめましょう。

しんじ　それでは　みなさん、意見《いけん》を　出して　ください。

みち子　わたしは、けいさつしょと　スーパーが　いいです。

こうじ　ぼくは　しょうぼう車が　見たいな。

まさお　それは　楽《たの》しそうだね。ぼくも　車が　すきなんだ。こうじくんは　ほかに　どんな　車を　見た　ことが　ある？

先　生　今は　その　話は　かんけいないでしょ。

ますみ　本やさんは　どうでしょうか。わたしは　本やさんに　よく　行くので、しごとの　ようすを　聞《き》きたいです。

そう太《た》　ようちえんと　くやくしょにも　行って　みたいです。

先　生　だいぶ　意見が　出たので、そろそろ　まとめて　いきましょう。

しんじ　それでは　これまでに　出た　中から　自分《じぶん》が　行きたいと　思《おも》う　ところに　手を　あげて　ください。

(1)　社会科見学は、①何日の　②何時間めに　ありますか。

①（　　　　）　②（　　　　）

(2)　先生は　①けんたくんと　②まさおくんに　なぜ　ちゅういしましたか。

①（　　　　）

②（　　　　）

20 話《はな》し合《あ》いの 文

ハイクラス

時間 25分
合かく 80点
とく点 点

答え べっさつ18ページ

1 クラスの せい理《り》せいとんに ついて、話し合って います。つぎの 文しょうを 読《よ》んで、といに 答《こた》えましょう。

青木《あおき》「それでは、せい理《り》せいとんがかりには どんな しごとが あるか、考《かんが》えて みましょう。」

石田《いしだ》「つくえと いすを ととのえる ことじゃ ないかな。」

林《はやし》「そうだね。ロッカーを せい理する ことも ひつようだね。」

下山《しもやま》「本だなの 本を ならべる ことも ぼくたちの しごとじゃ ないかな。」

青木「そうだね。ほかには ないかな。」

林「くつばこの くつが ばらばらに ならないように、そろえましょう。」

下山「それは 毎日《まいにち》 しなければ ならない ことだから たいへんだね。」

石田「それなら、よう日ごとに 当番《とうばん》を きめて みんなで やろうよ。」

林「いいけど だれかが 週《しゅう》に 二回《かい》 やらないと いけないよ。」

下山「ぼくが 二回 やるよ。」

青木「下山さん ありがとう。それなら ほかの しごとは ぼくたちが 分《ぶん》たんしようよ。」

下山「いや。それは いいよ。ぼくは 本が すきだから、本を せい理する しごとも したいんだ。」

林「それは いいね。すきな ことを しごとに できる ほうが 楽《たの》しい もんね。」

石田「くつばこの　せい理いがいは、それぞれが　気づいたときに　する　ことにしよう。」

青木「ぼくは、つくえと　いすを　ととのえる　しごとを　するよ。」

石田「それは　一人だと　たいへんだから、ぼくも　やるよ。」

林「じゃ、ぼくは　ロッカーの　せい理をするよ。そうだ。〝ロッカーを　きれいに　しましょう〟って　いう　ポスターを　作《つく》ろうかな。」

青木「それは　いい　アイディアだね。きっと　みんなが　気を　つけるようになるよ。」

(1) 何人《なんにん》で　話《はな》し合《あ》って　いますか。(10点《てん》)

（　　　　）

(2) せい理せいとんがかりには、どんなしごとが　ありますか。四つ　書《か》きましょう。(40点／一つ10点)

（　　　　）

（　　　　）

（　　　　）

（　　　　）

(3) 下山さんの　しごとは、ほかの　人と何《なに》が　ちがいますか。(10点)

（　　　　）

(4) いっしょに　しごとを　するのは　だれと　だれですか。(完答10点)

（　　　　）と（　　　　）

(5) 青木さんが「いい　アイディアだね」と言《い》ったのは、①だれの　②どのようないけんに　ついてですか。(30点／一つ15点)

①（　　　　）

②（　　　　）

チャレンジテスト⑥

答え▼べっさつ18ページ

時間 25分
合かく 80点
とく点 点

1 つぎの 文しょうを 読《よ》んで、といに 答《こた》えましょう。

先生「それでは、山田《やまだ》さんから いけんが あった、一りん車《しゃ》の あそび方《かた》に ついて 話《はな》し合《あ》います。山田さん、どんな ことに こまって いるの ですか。」

山田「はい。二年生が つかえる 一りん車は 五台《だい》しか ないのに、いつも きまった 人が のって いる ことです。」

小池《こいけ》「あそびたいなら 走《はし》って とりに いけば いいと 思《おも》います。」

山田「でも、それだと 走るのが とくいな人や、じゅぎょうの かたづけが はやい 人ばかりが つかえるので ふこうへいです。」

高田《たかだ》「小池くんは このまえ、はやく 校ていに 出る ために かかりの しごとを ていねいに しないままで おわらせて……。」

小池「たまたま そういう ことが あっただけじゃ ないか。」

先生「ちょっと まって。人の 話《はなし》は、おわりまで、よく ききましょうね。高田くん、つづけて ください。」

高田「おわらせて いました。そう ならない ためにも、つかう 人を じゅん番《ばん》に きめたら いいと 思います。」

先生「今の 高田さんの 考《かんが》えを、どう 思いますか。」

町田《まちだ》「わたしは、一りん車に のりたく ないので どっちでも いいです。」

先生「町田さん、クラスの　もんだいなのですから　人ごとのように　考えては　いけませんよ。自分《じぶん》の　もんだいと　して　考えなくては。」

石川《いしかわ》「そうです。みなさん、出せき番ごうの　じゅん番に　しませんか。」

あ

先生「それでは　出せき番ごうで　じゅん番を　きめましょう。」

(1) 何《なに》に　ついて　話し合って　いますか。（10点《てん》）

（　　　　）

(2) 山田さんは　どんな　ことに　こまって　いますか。（10点）

（　　　　）

(3) 小池くんは、話し合いの　ルールを　まもって　いません。どのように　すれば　よいですか。（15点）

（　　　　）

(4) 町田さんの　どのような　ところが　よくないのですか。（15点）

（　　　　）

(5) みんなが　こうへいに　あそべるような　ルールの　あんを　出したのは　だれと　だれですか。（完答20点）

（　　　　）と（　　　　）

(6) この　話し合いで　どのような　ことを　したら　よいと　きまりましたか。（15点）

（　　　　）

(7) **あ** の　ときに　すると　よい　ことに　○を　つけましょう。（15点）

ア 走って　一りん車を　とりに　行《い》かないように　ちゅういし合う

イ だれが　わるかったか　言《い》い合う。

ウ ほかに　いけんが　ないか、きく。

21 手《て》紙《がみ》

標準クラス

1 つぎの 手紙を 読《よ》んで、といに 答《こた》えましょう。

おばあちゃん、お元《げん》気《き》ですか。わたしは元気です。
この 前《まえ》は 自《じ》てん車《しゃ》を 買《か》って くださって ありがとうございました。わたしは、自てん車に まだ のれなかったので、

①［　　］

②［　　］

すると、一週間《しゅうかん》 たつと、
これからは 少《すこ》し はなれた 図書《としょ》かんにも 自てん車で 行《い》く ことが できます。

こんど おばあちゃんが あそびに 来《き》た 時《とき》に のれるように なった ところを 見てください。
五月八日　　はまの みか

③［　　］

(1) この 手紙は、だれから だれに あてた ものですか。

（　　　　）から（　　　　）へ

(2) ①・②に あてはまる 文を、絵《え》を 見て 書《か》きましょう。

①（　　　　）

②（　　　　）

(3) ③に あてはまる ことばを 書きましょう。

（　　　　）

答え べっさつ19ページ

1 つぎの 手紙と メモを 読んで、といに 答えましょう。

【メモ】＊かすが小学校 二年一組《くみ》の 社会《しゃかい》の じゅぎょうの おねがい。
＊六月一～十日の 間《あいだ》で つごうの よい 日を おしえて もらう。
＊同《どう》ふうした はがきに へんじを 書いて もらう。

[あ]

ぼくたちは、社会の じゅぎょうで、さいがいから まちや 人を まもる しごとに ついて べんきょうして います。ぼくの はんは、しょうぼうしさんの しごとを しらべる ことに なりました。
そこで、六月一～十日の 間の つごうの よい 日に、しょうぼうしょを 見学《けんがく》させて いただけないでしょうか。はしご車《しゃ》を 見たり、しょうぼうしさんの お話《はなし》を 聞《き》かせて いただいたり したいです。
もし、見学させて いただけるのでしたら、[い]。
よろしく おねがいします。

五月十日　中西《なかにし》 こうじ

かすがしょうぼうしょの みなさま

(1) [あ] に あてはまる 前書《まえ》きを 考《かんが》えて 書きましょう。（30点《てん》）

（　　　　）

(2) しょうぼうしょで 何《なに》を したいのですか。二つ 書きましょう。（40点／一つ20点）

（　　　　）

（　　　　）

(3) [い] に あてはまる 文を 考えて 書きましょう。（30点）

（　　　　）

時間 25分
合かく 80点
とく点　　点

答え→へ…ページ

22 友《とも》だちの ことを しょうかいする

標準クラス

1 つぎの 文しょうを 読《よ》んで、といに 答《こた》えましょう。

先生 では、竹本《たけもと》さんから 三《み》うらさんを しょうかいして もらいます。おねがいします。

竹本 わたしは、三うらさんを しょうかいします。三うらさんは、一年生に なる ときに この 町に ひっこして きました。お父《とう》さんと お母《かあ》さんと 弟《おとうと》の 四人家《か》ぞくです。ピアノが とくいで、このまえの はっぴょう会《かい》で 一いに なったそうです。週《しゅう》に 三日、ピアノの レッスンが あります。それから、三うらさんは とても やさしいです。しょうらいの ゆめは ピアノの 先生に なる ことです。

これで 三うらさんの しょうかいを おわります。

(1) つぎの メモは、この しょうかい文を 書《か》く 前《まえ》に つくった ものです。あいて いる ところを 書きましょう。

いつ この 町に 来《き》たか	①
家ぞくに ついて	②
ならいごとに ついて	③
せいかくに ついて	④
しょうらいの ゆめ	⑤

(2) 三うらさんの ことを もっと くわしく しょうかいする ためには、どのような くふうが ひつようですか。考《かんが》えて 書きましょう。

（　　　　）

答え べっさつ19ページ

22 友だちの ことを しょうかいする

ハイクラス

時間 25分
合かく 80点
とく点 点

1 つぎの 文しょうを 読んで、といに 答えましょう。

先生　それでは、自分《じぶん》が しょうかいする あい手に インタビューを しましょう。じゅんびが できたら はじめて ください。

森《もり》　よろしく おねがいします。久《く》ぼさんは、なぜ「ゆり」と いう 名前《なまえ》なのですか。

久ぼ　お母さんが ゆりの 花が すきだからです。ゆりの 花のように、まっ白な きれいな 心《こころ》を もった 人に なって ほしいと いう ねがいが こもって います。

森　そうなんですね。久ぼさんは この 名前が 気に入って いますか。

久ぼ　はい。ゆりの 花も すきなので、花やさんで 見ると つい 買《か》って しまいます。

森　すてきな 名前ですね。ありがとうございました。

(1) 森さんは、①だれに ②何《なに》に ついて インタビューしましたか。（30点《てん》／一つ15点）

①（　　　　）　②（　　　　）

(2) インタビューの じゅんびが できて いるのは ア〜ウの どれですか。（20点）

ア

イ

ウ

(3) あなたなら どのように しょうかいしますか。考えて 書きましょう。（50点）

（　　　　）

23 あそびの ルールを せつ明《めい》する

標準クラス

答え→べっさつ20ページ

1 つぎの 文しょうを 読《よ》んで、といに 答《こた》えましょう。

あかねさんは、自分《じぶん》の すきな あそびを クラスで しょうかいする ことに なりました。みんなで 休み時間《じかん》に あそべる ものが いいと 考《かんが》えた あかねさんは、「お絵《え》かきしりとり」の やり方《かた》を しょうかいする ことに しました。

つぎの メモは、あかねさんが しらべた ないようを まとめた ものです。

ア 少人数《しょうにんずう》で やるのに むいて いる。
イ 紙《かみ》と ペンを 用《よう》いする。
ウ やり方は しりとりと 同《おな》じ。
エ 本で しらべたら いけない。
オ 外《そと》よりも 室内《しつない》で やる。

(1) あかねさんは、なぜ「お絵かきしりとり」を しょうかいする ことに したのですか。

（　　　　）

(2) つぎの 絵の 中で、つかわない ものに ○を つけましょう。

ア

イ

ウ

(3) あかねさんの メモの 中で、せつ明が たりない ものが 一つ あります。その ①記《き》ごうを えらび、②りゆうと ③どのように せつ明《めい》したら よいか 考えて 書《か》きましょう。

①（　　　　）
②（　　　　）
③（　　　　）

23 あそびの ルールを せつ明する

ハイクラス

時間	25分
合かく	70点
とく点	点

答え→べっさつ20ページ

1 つぎの 文しょうを 読んで、といに 答えましょう。

わたしは、「紙コップロケット」の あそび方を しょうかいします。

用意《ようい》する ものは、紙コップ 二こと、わゴム 一本と はさみです。紙コップに 絵を かきたい 人は、クレヨンや マジックが あると よいでしょう。

［あ］、一つ目の 紙コップに 四かしょの 切れ目を 入れます。この とき、はさみを つかいます。紙コップの 口は 少《すこ》し ぶあつくて 切りづらいので、けがを しないように 気を つけて ください。

つぎに、［　　い　　］

これが ロケットに なります。

さらに、ロケットを もう 一つの 紙コップに のせます。手を はなすと、これが いきおいよく とんで いきます。

(1) ［あ］に あてはまるのは ア～ウの どれですか。○を つけましょう。(20点《てん》)

ア さあ　イ まず　ウ さて

(2) ［い］には、つぎの 絵に なるような せつ明が 入ります。考えて 書きましょう。(50点)

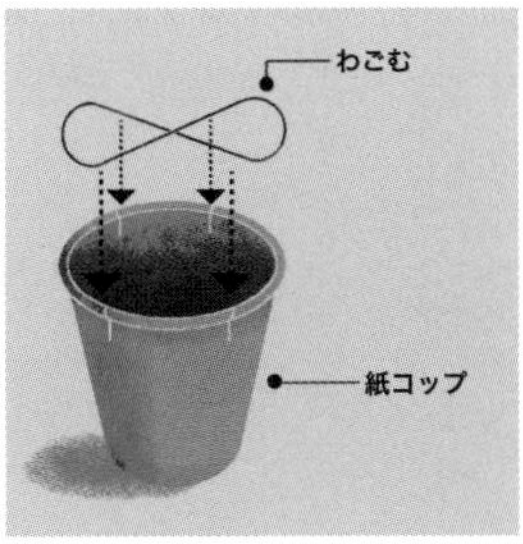

（　　　　　　）

(3) あそぶ 人の あんぜんを 考えて あげて いると わかる ところを 書き ぬきましょう。(30点)

（　　　　　　）

チャレンジテスト⑦

1 つぎの 文しょうを 読《よ》んで、といに 答《こた》えましょう。

時間	25分
合かく	80点
とく点	点

答え▼べっさつ20ページ

石井《いしい》 なな

わたしは、せかいの あそびに ついて しらべました。なぜなら、せかいにわ いろいろな 国《くに》が あるので、あそびにも いろいろな しゅるいが あるのでは ないかと 思《おも》ったからです。

何《なに》を しらべようかと まよいましたが、みんなが よく つかう「じゃんけん」に ついて しらべる ことに しました。

まず、日本《にほん》の じゃんけんです。日本では グー、チョキ、パーの 三しゅるいが あります。

つぎに、かん国《こく》です。かん国では 日本と 同じ 三しゅるいですが、言《い》い方《かた》が ちがいます。「パウィ」が「グー」、「カウィ」が「チョキ」、「ポ」が「パー」です。「パウィ、カウィ、ポ」と 言って、「ポ」の ときに 出します。

さらに、マレーシアも しらべました。マレーシアでは 手の 形《かたち》が 五しゅるいです。ただし、いつも 五しゅるいを 出すのでは なく、人数などに よって 三しゅるいか 五しゅるいかを つかい分《わ》けます。「ズーム」が「グー」、「ワン」が「チョキ」、「ツー」が「パー」です。「ズーム」は「てっぽう」、「ワン」は「小鳥」、「ツー」は「水」の いみです。

同じ じゃんけんでも 国に よって 言い方が ちがって いて おもしろいと 思いました。

(1) □には この文の だい名が 入ります。考《かんが》えて 書《か》きましょう。(15点《てん》)

(　　　　　　　　)

(2) 石井さんが しらべようと 思ったりゆうを 書きましょう。(16点)

(　　　　　　　　)

(3) つぎの ひょうを かんせいさせましょう。(24点/一つ4点)

	日本	かん国	マレーシア
	グー	①	④
	チョキ	②	⑤
	パー	③	⑥

(4) 石井さんの 文には まちがいが 二かしょ あります。それぞれ 正しく なおしましょう。(10点/完答で一つ5点)

(　　)→(　　)

(　　)→(　　)

(5) 石井さんの 文を 読んで、かん国の じゃんけんに ついて、もっと くわしく 書いた 方《ほう》が よいのでは ないか という いけんが 出ました。どんな ことを 書くと よかったでしょうか。(　)の ことばを つかって、書きましょう。(20点)

(かん国 いみ グー、チョキ、パー)

(　　　　　　　　)

(6) マレーシアの じゃんけんの しかたは、日本の じゃんけんの しかたと どのように ちがいますか。「つかい分ける」という ことばを つかって 書きましょう。(15点)

(　　　　　　　　)

そうしあげテスト

1 つぎの 文しょうを 読《よ》んで、といに 答《こた》えましょう。

……ほんとうに おにだ！ どうしよう。

ひでやは □ なりました。

しかし、ふしぎに 思《おも》って いいました。

「おにの 子が どうして、ぼくを たすけてくれたの？」

「たすけてーって、いったからだよ。たすけないと けがして しまうよ」

「ふーん」

そこへ、小さい おにの 子が はしってきて、

「これ、ひろって きたよ」

といって、手に もった ものを さしだしました。

ひでやは また びっくりしました。おとした しゃぼんだまの どうぐです。


「ありがとう」

おには こわいと 思って いたのは、まちがいかも しれません。

すると、その 小さい おにの 子が たずねました。

「どうして かたな、もって ないの？」

ほかの 子も いいました。

「いぬは？」「さるは？」「きじは？」

ひでやは わけが わかりません。

「どうして、そんな こと、きくの？」

「だって、ももたろうが、いぬ、さる、きじを つれて せめて きて、かたなを ぬいて みんなを きったんだ」

「だから、わたしたち、にんげんが こわいのよ」

と、大きい 女の子が いいました。

そこで、ひでやは わらいました。

答え▼べっさつ21ページ

時間	25分
合かく	80点
とく点	点

「わかった！　にんげんは　おにを　こわがって　いて、おには　にんげんを　こわがって　いるんだ！　ほんとは　こわく　ないのにね」

おにの　子たちも　わらいました。

（ふるた　たるひ「ひみつの　やくそく」）

(1) □に　あてはまる　ことばを　文しょうの　中から　書《か》きぬきましょう。（5点《てん》）

（　　　　）

(2) おにの　子が　ひでやを　たすけて　くれたのは　なぜですか。りゆうを　二つ、書きましょう。（10点／一つ5点）

（　　　　）

（　　　　）

(3) 小さい　おにの　子が　手に　もって　いた　ものは　何《なに》ですか。（5点）

（　　　　）

(4) ひでやは　なぜ――のように　思ったのですか。（10点）

（　　　　）

(5) みんなとは　だれたちの　ことですか。（10点）

（　　　　）

(6) ひでやが　わらった　りゆうを　せつ明《めい》しましょう。（10点）

（　　　　）

(7) 「おにの　子たちも　わらいました」のときの　おにの　子たちの　気もちとして、よい　ものに　◯を　つけましょう。（10点）

ア ひでやの　言う　とおりだ。

イ ひでやは　おかしな　ことを　言って　いる。

ウ にんげんを　おこらせないで　おこう。

2 つぎの　しを　読んで、といに　答えましょう。

てつぼう　　こやま　みねこ

てつぼうに　つかまって
はずみを　つけて　ぐるっと　まわる
つばめと　いっしょに　ぐるっと　まわる
①あっ　じめんに　家《いえ》が　ぶらさがってる
びっくり　くりくり　②おどろいた

てつぼうに　つかまって
はずみを　つけて　ぐるっと　まわる
すずめと　いっしょに　□
あっ　空まで　足が　するると　どいた
びっくり　くりくり　③おどろいた

(1) つばめと　いっしょに　まわって　いる　のは　だれですか。（5点）

ア じめん　イ 家《いえ》　ウ すずめ　エ てつぼうを　して　いる人

(2) ①——の　ときの　けしきと　して　よい　ものに、○を　つけましょう。（5点）

ア

イ

ウ
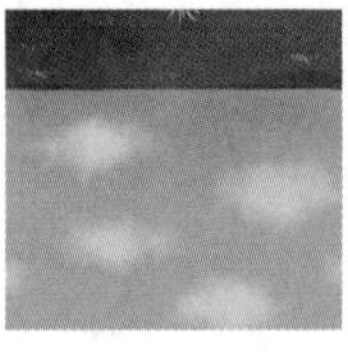

(3) □に　あてはまる　ことばを　書《か》きましょう。（10点）

（　　　　）

(4) ②と　③の「おどろいた」りゆうを　それぞれ　書きましょう。（20点／一つ10点）

②（　　　　）

③（　　　　）

ひっぱると，はずして使えます。

ハイクラステスト 小2 読解力

答え

おうちの方へ

この解答編では，おうちの方向けに問題の答えや学習のポイント，注意点などを載せています。答え合わせのほかに，問題に取り組むお子さまへの説明やアドバイスの参考としてお使いください。本書を活用していただくことでお子さまの学習意欲を高め，より理解が深まることを願っています。

答え

ことばの がくしゅう

1 くわしく する ことば

2～3ページ

標準クラス

1 (1)しっぽの　大きな
(2)赤い
(3)ちょこんと

2 (1)白い、もくもくと　など
(2)大きな、ごろごろと　など

3 (1)強い
(2)赤い
(3)なかよく

4 (1)大きな、広い、のんびりと
(2)小さな、大きな、あわてて
(3)つめたい、ごくごくと
(4)長い、ゆっくりと

5 (1)赤い・黒い・青い・黄色い　など
(2)丸い・四角い　など

指導のポイント

1 それぞれの言葉を、詳しくしている言葉（修飾語）を探すようにします。詳しくする言葉は、普通、修飾される語（被修飾語）の前に置かれています。(1)(2)「きつね」「ぼうし」という体言の直前に、「どんな」を説明する言葉（連体修飾語）が書かれています。(3)「かぶりました」という用言の前に「どのように」を説明する言葉（連用修飾語）が書かれています。

2 けむりは、「たくさんの」や「どんどんと」なども考えられます。石は、「黒い」や「ころころと」なども考えられます。ふだんから、詳しくする言葉を本で読んだり、会話で使うようにして、絵に表された様子が適切に書けるようにしましょう。

3 どのような言葉が、詳しくする言葉なのかを考えるようにします。(1)(2)どんな「風」、どんな「花」なのかを説明する言葉を選びます。(3)どのように「あそぶ」のかを説明する言葉を選びます。

4 「どんな」だけではなく、「どのように」を表す言葉にも着目できるようにしましょう。

5 どちらも「どんな」を説明する言葉です。かさの「色」、いすの「形」として考えられるものを書くようにしましょう。

ハイクラス

4～5ページ

1 (1)いそいで
(2)かいだん
(3)六センチメートルぐらい(の)　ねずみ色(の　やもり)
(4)(まわりを)きょろきょろしながら

2 (1)・エプロンを　つけた
・(サッカー)ボールを　もった
・リボンを　つけた
・大きな
・おとなの
・こどもの
・お父さんの
・お母さんの　など
(2)①一ぴきの、のんびりと
②たくさんの、ならんで

指導のポイント

1 文章をていねいに読んで、様子を詳しくする言葉を見つけることができるようにします。(2)「どこの」を表すのも、詳しくする言葉です。(4)「あみ戸を　よじ上って　いました」の直前に、「まわりを　きょろきょろしながら、」とあります。「どのように」＝「どんな　ようすで」を説明する言葉です。

2 (1)は持ち物・服装・年齢・大きさなどで「どんな」を表すことができることを理解させましょう。(2)は絵の示す通りの様子を表す言葉を、見つけられるようにしましょう。

2 つなぎことば

6～7ページ

標準クラス

1 (1)だから
(2)けれど
(3)そして

2 (1)のに・けれども・が　など

⑵から・ので　など

3 ⑴イ　⑵ア

4 ⑴けれども・しかし　など
⑵すると
⑶けれども・しかし　など
⑷が・のに　など
⑸また・それから・そして　など

5 ⑴ので　⑵し　⑶でも
⑷のに　⑸ながら　⑹でも

指導のポイント

1 二つの文をよく読み、つながり方を考えるようにします。⑴「雨が　ふりそうだ。」と（雨に濡れないように）「いそいでかえろう。」は前の文と後の文が順当な結果としてつながっているので、「だから」があてはまります。⑵「頭が　いたい。」とき、本当ならば学校を休まなければなりませんが、「休みたく　ない。」と言っています。前と後の文は逆の内容でつながっていることになるので、「しかし」があてはまります。⑶「この　花」は「きれい」である上に、「においも　いい」と前の文の内容に、後ろの文の内容を付け加えています。「そして」があてはまります。

2～5 前と後ろの文をよく読んで、どう結びつければ内容が自然につながるかを考えます。

ハイクラス　8～9ページ

1 ⑴イ　⑵イ
⑶ウ　⑷ア

2 ⑴だから　⑵それとも　⑶すると
⑷ので　⑸それに

3 （順に）⑴イ、ウ　⑵ア、イ
⑶ア、イ

指導のポイント

1 ⑴「ろうかを　走って　いた」と「ころんで　しまいました」は、前の内容と後の内容が順当な結果としてつながります。「ので」があてはまります。⑵前の内容は「考えた」後の内容は「わかりません」なので、逆の内容を表しています。自然な文のつながり方を考えても、「ても」があてはまります。⑶バスで行けることに、電車で行ける内容を付け加えているので、「し」があてはまります。⑷「おそく　ねた」とき、朝目が覚めるのが遅くなるのが自然なことなのに、「朝、早く目がさめた」と逆の内容につながっているので、「のに」があてはまります。

3 長い文章のなかでも、前と後の内容をよく読んで、適切なつなぎ言葉を入れられるようにしましょう。

3 さす　ことば

標準クラス　10～11ページ

1 犬さん
うさぎさん
りすさん
さるさん

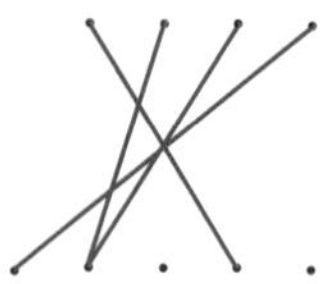

・アの　花
イの　花
・ウの　花
エの　花
きまって　いない

2 ⑴その　⑵どの
⑶この　⑷あの

3 ⑴（とかいの）えき
⑵（黄色い）じてん車
⑶（五、六わの）ひな

指導のポイント

1 「この・その・あの・どの」が、どこに位置するものを示す言葉であるのかを考えるようにしましょう。
「この」は話し手に近い場合、「その」は相手に近い場合、「あの」は話し手からも相手からも遠い場合、「どの」は指し示すものがはっきりしない場合、で区別します。

2 イラストは、手前にいる子が話しています。ボールと、話しかけている相手との位置から適切な言葉を選びましょう。

3 文章の中で使われるこそあど言葉（指示語）は、原則として、前に出てきたものを指します。指す言葉の出てくる前の文をよく読み、指している言葉を考えるようにします。指す言葉が何を指しているか答える問題では、指す言葉の部分に答えを入れてみて、文意が通るかどうか確かめるようにしましょう。⑴「そこ」は場所を指す言葉なので、前の文にある「えき」を指すとわかります。「すると、えきには、いろんな　れっ車が、たくさん　あつまって　いました。」と、「そこ」と「えき」入れ換えて読んでも文意が通ることを確認しましょう。⑵⑶「それ」は物や事を指します。

ハイクラス　12～13ページ

1 ⑴その　⑵この
⑶あの　⑷どの

2 ⑴おきゃくさんの　近く
⑵しおりさんからも、あい手からも　遠いところ
⑶ゆきさんの　近く

3 ⑴あの　⑵この
⑶その　⑷どの

4 ⑴花が　さいた
⑵大だこあげ(大だこを　あげるの)

指導のポイント

1 だれが話し手で、だれが聞き手であるかを考えて、位置関係をとらえるようにします。

2 話し手が使う指す言葉よって、位置関係が想像できるようにしましょう。

4 指している内容を――線の部分に入れ換えても文意が通るように、形を変えなければならないことに注意しましょう。
⑴「その」は「花が　さきます。」という事柄を指していますが、「花が　さいたあとに、小さな　みが　たくさん　なります。」という文になるようにします。⑵「これ」は物や事を指すので、「大だこあげ」「大だこを　あげるのを」といった形にして解答します。

アドバイス

修飾語や接続語などの言葉の学習は、物語の読み取りや作文の力にも関わる大切なものです。たくさんの言葉を知り、正しく使えるようにしましょう。また、指す言葉が指している内容や、位置関係を正確に読み取る力も、長い文章の読解には重要です。

チャレンジテスト①　14～15ページ

1 ⑴ヘイケボタル　⑵ウ
⑶・かわきやすく　なった。
・エサとなる　貝るいが　少なく　なった。
⑷ア

2 ⑴ア、ウ、エ　⑵イ、ウ、ア
⑶ウ、エ、イ　⑷ウ、エ、ア
⑸イ、エ、ウ

指導のポイント

1 ⑵第一段落では、ヘイケボタルのよう虫の成長がとてもはやいことが書かれています。「はやい」を詳しくする言葉「おどろくほど」があてはまります。⑶⑷昔と今の田んぼの性質が変わったので、ヘイケボタルの成長に異変が起きていることを書いています。「冬ごし　できない　よう虫がふえています。」とあります。

2 つなぎ言葉や指す言葉が正しく使えるようにしましょう。詳しくする言葉を使って、様子を正しく表すことができるようにしましょう。

アドバイス

「どんな」「どのように」を表す言葉をたくさん使えるようにしましょう。また、文章を正しく理解するために、どんな言葉で文と文がつながっているか、指示語が何を指しているかを考えることができるようにしましょう。

ものがたり①　4　あらすじを　つかむ

標準クラス　16～17ページ

1 ⑴ある　日の　夕方
⑵①池の　そこ　②ヤカン
③(たった)ひとり
⑶(れい)じぶんに　ゆうびんが　とどいて　おどろく　気もち。
⑷(れい)はじめて　手紙を　もらったから。
⑸イ

2 ⑴・しゃぼんだまの　えきを　入れた　小さな　びん
・しゃぼんだまを　ふく　ストロー
⑵もみじ山
⑶(れい)もみじ山の　木の　はが　いろい

ろな　いろに　こうよう　していて　きれい　だったから。

指導のポイント

1 ピコは、池の底に沈むヤカンの中に一人で暮らしています。⑶今まで手紙をもらったことがなかったピコが、自分あてに手紙が届いたことに驚いていることが、郵便やさんに「ゆうびんって、ぼくに？」と返事していることからわかります。⑷次の文で「だって～からです。」と理由を説明しています。⑸手紙を開けたあと、まず何をするかを考えましょう。

2 遠足にしゃぼんだまをもっていくことにしたひでやが、前の日の夜からそのための用意をして寝たことを読み取りましょう。

ハイクラス　18～19ページ

1 ⑴山から　村へ　あそびに　行った　とき。
⑵(れい)まだ、赤い　ろうそくを　見た　ことが　なかったから。
⑶たいへんな　さわぎ(になった。)
⑷まだ、山の　だれも　見た　ことが　ない　花火。
⑸しか、いのしし、うさぎ、かめ、いたち、たぬき、きつね
⑹(れい)ばくはつすると　あぶないから。
⑺・どんなに　大きな　音を　たてて　とび出すか
・どんなに　うつくしく　空に　広がるか
⑻ア

指導のポイント

1 文の主語(だれが・何が)と述語(どうした・何だ)を、しっかりと読み取って、話の筋がわかるようにしましょう。⑵「さるは、赤い　ろうそくを、花火だと　思いこんでしまいました。」の前につなぎ言葉の「それで」があるので、その前に理由が書かれているとわかります。⑷⑸⑹山の誰も花火を見たことがないので、みんなが赤いろうそくを花火だと思い込んだまま話が進んでいることを理解しましょう。⑺「そこで」「そして」というつなぎ言葉に着目しましょう。⑻「まだ、赤い　ろうそくを　見た　ことがありませんでした」ということは、このたび初めて見たということです。

アドバイス

あらすじとは、場面の様子や登場人物の行動など、物語のだいたいの道筋のことです。物語を読んであらすじをとらえることは、高学年になって文章を要約する力にもつながっていきます。短い文章で、きちんとあらすじをとらえることができるようにしておきましょう。

5 ばめんの　ようすを　つかむ

標準クラス　20～21ページ

1 ⑴イ
⑵しずかな　町の　はずれ
⑶まどの　下で、はりしごとを　して　いる。
⑷あたりを　へいわに　てらして　いる。
⑸(れい)おばあさんは、年を　とって　いて　目が　かすんで　いるから。

2 ⑴花火を　うち上げようと　して　いる　ところ。
⑵(れい)みんな、花火に　火を　つけに　行くのは、すきでは　なかった　こと。(だれも、花火に　火を　つけに　行かない　こと。)
⑶くじを　引いて、火を　つけに　行く　ものを　きめた。
⑷イ、(花火の　そばまで　くると、)かめは　首が　ひとりでに　引っこんで　しまって、出て　こなかったから。

指導のポイント

1 年をとったおばあさんが、窓の下に座って、針に糸を通すために、糸をねじりながら針仕事をしている場面です。「おだやかな」「しずかな」「へいわに」といった様子を表す言葉に注意を向け、ていねいに場面の様子を読み取りましょう。⑸理由を表す「から」というつなぎ言葉に注目しましょう。

2 花火に火をつけようとして、みんながこわがっている場面です。かめの様子もしっかりとおさえましょう。「こまった　こと」が何で、どうやって解決しようとし、結果はどうだったか、というあらすじをとらえましょう。

ハイクラス　22～23ページ

1 (1)あせを　かきかき(やって　来た)
(2)①(小さな　かわいい　レールバスの)いちろうと　はるこ
②(「ケロロン　ロンロン、ケロロンロン。」と、)歌を　歌いながら　止まって　いた。
(3)(きたない　自分の　すがたが、)かなしい気もち。

2 (1)(ママと　手を　つないで、)みどりこうえんの　前まで(歩く)。
(2)(れい)赤や　黄色や　ピンクの　チューリップ。
(3)(れい)ママに　バイバイしなければ　ならないから。など

指導のポイント

1 だれ(何)が何をしたのか、どんな様子だったかを比較して場面の様子を正しく読み取りましょう。「　」にも着目して、詳しく様子を考えるようにしましょう。(3)「あせを　かきかき」やってきたやえもんは「小さな　かわいい　レールバス」や「おけしょうを　して　もらって」いる電気きかん車の様子や通り過ぎて行った特急電車と、汚い自分の姿を比較して、悲しくなったのです。

2 幼稚園に通う四歳のかほちゃんは、幼稚園が嫌ではないのに、朝の通園バスに乗るときの場面とかほちゃんの心情の変化を読み取りましょう。さみしさを感じています。

アドバイス

話の場面が変わっていくところをとらえることは、中学年での段落学習に関わります。話の展開をきちんと理解し、正しくとらえることができるようにしましょう。

6 気もちを　考える

標準クラス　24～25ページ

1 (1)(バンポが)しんで　いるのかも　しれないと　思ったから。
(2)(れい)千鳥が　かわいそうだから。
(3)①ほっと　した　気もち。
②いそいで　口を　とじた。
(4)(れい)しんで　いるとばかり　思って　いた　バンポが　口を　とじたので、びっくり　したから。

2 (1)夜も　ひるも、ぐんぐん　のびて　いった。
(2)てっぺんが、雲の　中に　かくれるほどに　なった。
(3)くすのきの　えだが　四方に　ひろがって　いったから。
(4)・くらくて、あんしんして　道も　歩けないこと。
・田の　いねも、はたけの　ものも、かれて　しまうこと。

指導のポイント

1 登場人物の行動や言葉から、気持ちや考えていることを読み取りましょう。(1)「しんで　いるのかも　しれないぞ。」という発言に気持ちが表れているので、これを答えます。(2)直前の一文に「かわいそうな　千鳥の　ことを　考えると、にげる　わけには　いきませんでした。」とあり、千鳥をかわいそうに思っていることがわかります。

2 くすのきがぐんぐん伸びていく様子と、それにともなう村の人たちの心情の変化をしっかり読み取りましょう。村の人たちの心情は、会話の中にも表れています。(2)「てっぺんが、雲の　中に　かくれるほどに」とは、空高く伸びていったということです。(3)「えだは　四方に　ひろがって」とあるので、高さだけでなく、横にも枝が伸び、日の光をさえぎってしまったことがわかります。(4)「どんな　こと」と問われているので、村の人の発言を「～こと」と書きかえて答えましょう。

ハイクラス　26～27ページ

1 (1)だれかと　聞かれて　「たま」と　言って　しまって、はずかしかったから。
(2)おいしい　ももも、三びきの　ねずみも　食べる　ことが　できると　思ったから。

2 (1)(れい)どうぶつたちが　どんな　春の　おみやげを　もって　きて　くれるかと、心が、春の　ことで　いっぱいに　なったから。など

指導のポイント

❶心の中で思ったことが、（　）に書かれていることに着目して、気持ちを考えるようにしましょう。⑴猫が顔を赤くした理由は、直接本文には書かれていません。猫が子ねずみに誰かと聞かれて「どきっと」した様子や「だれって、だれって……たまだ。」という言い方から、猫が「たま」と名乗るのをためらっていること、「言って　しまってから　顔を　赤く　しました」という表現から、恥ずかしがっていることを読み取りましょう。⑵「その　後で　この　三びきを。」の後に「食べよう」といった言葉が省略されていることに気づきましょう。猫は、子ねずみたちを、桃と同じく食べ物と考えているのです。

❷動物たちが、雪だるまに春のすてきなことを話し、春のおみやげをもってくる約束をする場面です。動物たちの言葉で、雪だるまの気持ちが変わっていったことを読み取りましょう。ひとりぼっちのさびしさより、春のおみやげを心待ちにする気持ちが大きくなったことが、「子うさぎさんたち、」以下からわかります。

チャレンジテスト②

28〜29ページ

1 ⑴(れい)(とうざ、)なにごとも　おこらず　へいわだった。

⑵みやこから　遠い、国きょう。

⑶(れい)国きょうを　さだめた　石ひを　まもる　しごと。

⑷(れい)ろくろく　ものも　言わなかった。

⑸・ほかに　話を　する　あい手も　なく　たいくつだったから。

・春の　日は　長く、うららかに、頭の　上に　てりかがやいて　いたから。

⑹①みつばちの(こころよい)羽音。

②二人の　へいしの耳。(二人の　へいたいの耳。大きな　国の　へいしと　小さな国の　へいしの耳。など)

⑺エ

指導のポイント

1 国境を守る二人の兵隊の様子を描いた部分です。国境警備という厳格な業務でありながら、人どおりが少ないことからもわかるように、静かな状況となっています。また、野ばらが穏やかさの象徴として存在しています。描かれている様子を正確に読み取りましょう。⑴「その　二つの　国」が大きな国と小さな国であることに気づきましょう。⑵「ここ」「そこ」は場所を指す言葉です。どちらも同じものを指しています。⑶二人の兵隊は、国境を定めた石碑を守る仕事のために「はけんされ」ています。「どんな　しごと」と問われているので、「〜しごと。」と答えます。⑷⑸「はじめ」「いつしか」という言葉に注意して、二人の兵隊の関係の変化を読み取りましょう。仲良しになった理由は、「〜から」と二つ書かれています。⑹①「その　こころよい　羽音」の「その」は、みつばちを指しているので、明確にして答えましょう。⑺一つ一つの選択肢と、文章全体を照らし合わせて考えましょう。「その花には、朝早くから　みつばちが　とんできて　あつまって　いました。」の「その花」は野ばらを指します。

アドバイス

登場人物の行動と気持ち、まわりの様子を読み取って、物語のあらすじを理解するようにしましょう。登場人物の気持ちを読み取るためには、まず、「こまったなと　思った」「ほっと　した」など文章に書かれている気持ちの表現を見落とさず正しく読み取ることです。その際は、誰の気持ちなのか（主語）を間違えないよう気を付けましょう。直接的な気持ちの表現が、文章に書かれていない場合もあります。その場合は、登場人物の表情や行動、しぐさの描写に気持ちが表れていないかを探します。また、情景や天気といった、場面の様子を表す表現にも、気持ちが反映されていることが多いので、注意して読み取りましょう。

ものがたり②　7 ないようを　考える

30〜31ページ

標準クラス

❶ ⑴犬の　ムン

⑵わかれなければ　ならなく　なった。

(3)(れい)ムンが　きた　ことへの　おどろきと、(はなを　鳴らし、しっぽを　ちぎれるほど　ふって)　かけよって　くる　ムンを　おいて　いかなければ　ならない　つらい　気もち。など

別 ムンが　来た　ことへの　おどろきと、また　会えた　ことへの　うれしい　気もち。

2 (1)(口の　中を　そうじして　くれて　いる)千鳥

(2)バンポが、口を　あけたまま、少しも　うごかなかったから。

(3)頭を　たたいた。

(4)おどったり、歌ったり　した。

(5)(まるで　石にでも　なったみたいに、)びくりとも　しなかった。

指導のポイント

1 戦争のため、日本に帰国する船には、犬は乗せられず、ムンと別れなければなりません。そのムンが、鼻を鳴らし、しっぽをふってかけよってきたのを見て、とてもつらくなったすすむちゃんの気持ちを考えられるようにしましょう。

2 あやまって飲み込んでしまった千鳥を助けたいと思う、バンポのやさしい気持ちを読み取るようにしましょう。

ハイクラス 32〜33ページ

1 (1)王さまの　へやの　まどの　上

(2)つばめが　いっしょうけんめい　すを　作りなおして　いる　こと。

(3)王さまが、べんきょうの　時間に　なっても、よそ見ばかり　して　いるから。

(4)親つばめが　えさを　もって　くる　とき。

2 (1)・地面に　たおれて　もがいて　いたから。

・あたりを　見ても、もちぬしらしい　人も　いないから。

・おかあさん馬も　見えないから。

・ほうって　おいたら　夜に　なって、おおかみに　くわれて　しまうかも　しれないから。(のうちから　三つ)

指導のポイント

1 つばめのことが気になって、勉強に身が入らない王さまの様子や気持ちを読み取るようにしましょう。(2)つなぎ言葉はありませんが、「つばめは、いっしょうけんめいすを作りなおしています。」のすぐあとに、「王さまは、気になります。ときどき、そっとのぞいたり　します。」とあることからわかります。(3)ここも、先生の言葉の直前に理由が見つけられます。

2 スーホの行動や会話をていねいに読み、「なぜ、そうしたのか」を読み取りましょう。

アドバイス

物語を読み、感想を深めるためには、内容を正しくとらえることが大切です。一文ずつていねいに読み取り、話のおもしろさを味わうことができるようにしましょう。

8 気もちの　うつりかわりを　つかむ

標準クラス 34〜35ページ

1 (1)(ぼくの　うちの　いちじくの　木の)赤い　ゆうびんばこ

(2)いちじくの　はっぱに　「てがみを　ください。」と　かいた。

(3)(れい)本当は　手紙が　来ないのを　気にして　いるから。

2 (1)長い　長い　間　はたらいて、たいへん　年を　とったから。

(2)(れい)たくさんの　人を　のせて、すごい　スピードで、大きな　とかいから　とかいへ、走って　いた。など

(3)いばって　みせても　だれも　あいてに　して　くれないから。

3 (1)きのうまで　たくさん　なって　いた　みかんが　ぜんぶ　なくなった　こと。

指導のポイント

1 かえるは、手紙の返事を期待していないように見せかけていますが、本当はとても期待しています。そのかえるの気持ちを、読み取るようにしましょう。かえるは、口では「来なくったって　どうって　ことないさ」と手紙の返事を期待していないように言っていますが、「よこを　むいて」言ったということは、本心ではないことの表れです。このしぐさから、本当は、かえるは手紙が欲しいと思っているという点を読み取りましょう。

2 (1)理由を表すつなぎ言葉「ので」に注目します。(2)やえもんの会話文に注目しましょう。やえもんの会話文の「シャー」は、機関車が蒸気を出す音です。いばっているやえもんの様子や気持ちを読み取りましょう。(3)「だから」というつなぎ言葉に注目しましょう。

3 「「あっ。」と、みんなは 思わず 声をたてました。」から、みんなが驚いていることがわかります。何に驚いているかは、直後にある「～のです。」と、二つの文で説明されています。

ハイクラス 36～37ページ

1 (1)ばけものが おっかないから。(ばけものが 年に 一ど 町へ やって きては、町の 女を、ひとりずつ さらって いき、ことしは わたしの 番だから。)など

(2)ほっと した 顔に なった。

2 (1)(れい)わたしの あとを ついてきて、わたしが する とおりに したがるから。

(2)(れい)つみ木あそびの じゃまになるから。

(3)(れい)いうことを きかない たあくんに 東京タワーを くずされて 気に入らない 気持ち。

指導のポイント

1 民話は、特有の書き方をしており、読みにくいところもありますが、言葉遣いを味わいながら、人物の行動や気持ちを正しく読み取るようにしましょう。(1)娘が泣いている理由は、娘の会話文の中に書かれています。(2)「ほっと した 顔に なり」からは、力太郎たちが化け物を退治してくれるというので、化け物を恐れる気持ちが和らいだ、気持ちの移り変わりが読み取れます。

2 私は、弟のたあくんの行動をどこか疎ましく感じています。本文の場面は、姉である「私」を慕うたあくんと、いつものように遊びの邪魔をされて不満を感じている「私」の様子を描いたものです。(1)「くっつき虫の まねっこ」のあとに、理由が説明されているので、文末を「から」にしてまとめましょう。この表現から、「わたし」がたあくんの行動を少し疎ましく感じていることがわかります。(3)「へたな つみ木」の表現から、たあくんが言うことを聞かず、結局、東京タワーを崩されてしまったことへの不満が読み取れます。

アドバイス

物語のおもしろさは、登場人物の気持ちを考え、いろいろ想像するところにあります。気持ちをつかむ手がかりになる会話や様子を表す言葉に着目して読むことができるようにしましょう。また、物語文では、直接描写されていない部分からも心情を読み取れるようにしましょう。

9 じゅんじょよく 読む

標準クラス 38～39ページ

1 (1)・つりの おじさんが きた。

・どこかの お母さんが、あかちゃんを だいて、ひなたぼっこに 出て きて いすに こしかけた。

・おにいさんが いすの 上で ギターを ひいた。

2 (1)(右から)3、2、5、4、1

指導のポイント

1 ひろくんは、朝から夜まで、ベッドの上で、はまべのいすを見ています。時間の流れにそって読み取るようにしましょう。

2 だれが、どうしたのかを、順序よく読み取るようにしましょう。この問題は、かおるがどのような順番で考えを巡らせたかに着目します。本文とその要約文を読みくらべ、要約文が本文のどの部分と一致するか考えることは、あらすじをつかむ力や内容を深く理解して読む力につながります。

ハイクラス 40～41ページ

1 (1)イ

(2)たすけ出されるのに 三日も かかって しまったから。

(3)こしの ところが 少し へこんで いるが ほとんど むきず。

(4)りょう手あげとるまねきねこ
(5)きょううんにも　こううんにも　あやかれる
(6)(右から)2、4、5、3、1

指導のポイント

1 (1)平成七年一月十七日は、「阪神・淡路大震災」が起こった日です。「大きなゆれ」から「地震」を連想しましょう。(3)(4)ボランティアの大学生の言葉ではじめて、「わたし」が「りょう手　あげとる　まねきねこ」であることがわかります。同じ会話文の中にどんな様子だったかも書かれています。わたしにどのような出来事が起きたのかを読み取り、話の順序をきちんととらえるようにしましょう。

アドバイス

話の「起・承・転・結」を意識して読み味わうためには、場面をとらえ、その順序を正しく読み取ることが大切です。長い文章の本も読めるように、正しく話の順序をとらえることができるようにしておきましょう。

10 だいじな　ことを　読みとる

標準クラス　42〜43ページ

1 (1)小さい　おじいさん
(2)ぼくに　おこられると　思ったから。
(3)ひこうきを　なおせるかも　しれないから。

(4)ウ
(5)(れい)ゆるして　もらえて　うれしい。

指導のポイント

1 サブロウと「ぼく」の気持ちがどのように変化していくのかを読み取りましょう。(1)「みたい」というたとえる表現に注目しましょう。サブロウの小さなおじいさんのように背中を丸める姿から、落ち込んだ気持ちが読み取れます。(2)背中を丸めていたサブロウが、「ぼく」に気づいて泣き出した後、「ごめんよう、…」と一生懸命謝っていることから、怒られると思っていることがわかります。

ハイクラス　44〜45ページ

1 (1)(いつもは、おばあちゃんが　おこしてくれるのに)ママが　おこしに　きたから。
(2)イ
(3)(れい)(ジンとママに)かぜが　うつらないで　ほしいという　気もち。
(4)ほっぺたが　ピンク色
(5)ひたいに〝ヒエヒエくん〟を　おいて　くれる。
(6)イ

指導のポイント

1 おばあちゃんがどういう人なのか、この場面は、ふだんとはどのような点で違っている状況なのかを読み取りましょう。(1)ジンは、朝起こしにきたのがママだったことにびっくりしています。いつもはおばあちゃんが起こしてくれるため、いつもと違っていて、驚いたのです。(2)「会ぎに、おくれちゃうわ。」との言葉から、ママが出勤時間を気にしながら、時計を見ていることがわかります。「時計とにらめっこする」という慣用表現を知っておくとよいでしょう。(3)の直後に「かぜが　うつっちゃうでしょ。」と言っているので、ママとジンに風邪がうつらないようにという気持ちが読み取れます。(4)「ねつの　せいか、…」の一文には主語はありませんが、ふとんの中から顔を出したおばあちゃんの様子であることに気づきましょう。(5)本文最後の二文に注目します。ジンは、自分が熱を出したとき、おばあちゃんがやってくれたとおりに、おばあちゃんのひたいに〝ヒエヒエくん〟を置いたのです。(6)「だいじょうぶだよ」とは熱を出したおばあちゃんに対する言葉です。ヒエヒエくんを置く行動からもおばあちゃんを心配する気持ちが読み取れます。

チャレンジテスト③　46〜47ページ

1 (1)(れい)・コロッケの　パンこを　つける　おてつだい。
・(黄色の)たくあんを　ほそい　せん切りに　する　おてつだい。
(2)(れい)ていねいに、きれいに　するのがすき。
(3)まな子の　せん切りは、ほそくて、きれいだから。
(4)ゆびを　のばさないで　げんこに　する。
(5)・デパートの　つつみ紙
・いたきれ
・かなづち

指導のポイント

1 まな子がお母さんのお手伝いをする様子を順序よく読み取りましょう。(1)コロッケのパン粉をつけたり、黄色のたくあんを細いせん切りにしたりしたのは過去にしたお手伝いを回想しているので、(2)過去のお手伝いについて書かれている後に、どのようにするのが好きだったかが書かれています。(3)お母さんの会話文に注目しましょう。(4)まな子が、ていねいにきれいにキャベツを切る様子を順に読み取りましょう。(5)「さあ、こんどは　くるみ　です。」からあとの部分から、使うものや順序をていねいに読み取りましょう。

アドバイス

大事なことをもらさず物語文を読み取るためには、登場人物の会話や行動に着目しながら、順序よく、ていねいに書かれている内容を読むことが大切です。

11 リズムを　つかむ

標準クラス　48〜49ページ

1 (1)①おふろの　ガラス　②かお
(2)(れい)ガラスに　ついた　しずくが　ながれ　おちるから。など
(3)・かいた　かお　・ながしちゃう
・ないてるよ(の　うちから　二つ)
(4)ウ

2 (1)わっしょい　わっしょい　ざっざっざ
(2)(れい)なんだか　わらえて　くる　気もち。など
(3)それいけ　それいけ
(4)(れい)あしと　いっしょに、こころも　おまつりを　しだすから。など
(5)ウ

指導のポイント

1 (2)湯気でくもったおふろのガラスにかいた顔が、しずくで泣いたようになるおもしろさを読み取りましょう。(3)詩のリズムのよい言葉遣いに気づけるように声に出して読んでみましょう。五連からなる詩で、一〜四連が同じリズムになっています。連とは詩のまとまりのことで、間を一行空けていることが多いです。一〜四連の二行目が「ないちゃうよ」と同じ五音（「ちゃ」で一音）のリズムになっています。(4)「こまった」「ないちゃうよ」といった言葉を使いつつも、リズムの良さからガラスにかいた顔が泣き顔になってしまうことを面白がる気持ちが伝わってきます。

2 これは、足がたくさんある虫、「むかで」をよんだ詩です。足がお祭りでおみこしをかついでいるように動く様子を、想像しながら読みましょう。(1)「ざっざっざ」とは足音を表す擬音語です。(2)「すると」に注目します。(4)「こころも〜／いっしょにかけごえを　かけて　いる」から、足の動きにつられて心もお祭りをはじめるのだとわかります。(5)どの虫の足がお祭りをしてるように見えるか、想像してみましょう。

ハイクラス　50〜51ページ

1 (1)りんごの木
(2)作しゃ(さかた　ひろお)
(3)イ
(4)ア

2 (1)(れい)じぶんを　どこでも　かくさないから。
(2)なつのよる
(3)・ひとつがだいじ
・じぶんはここだ
・いのちがうれしい

指導のポイント

1 作者は、秋の初めの様子を詩に読んでいます。「青い」で夏の青さがのこっている、まだ深まっていない秋をあらわしています。読者に語りかけるような口調に注目して、

作者がどのような情景を表現しているのかを読み取りましょう。(1)各連の一・二行目のくり返し表現を参考にします。(3)「ざんざか」という雨の擬音語がどのような降り方を表しているか、考えましょう。(4)秋を象徴する色としては、紅葉の色をイメージする人が多いでしょう。「青い」という色は、まだ夏の青々とした空気感が残っていることを感じさせる表現です。

2 (2)詩の言葉のリズムを理解して、前に出てきたのと同じようなリズムを考えることができるようにしましょう。(3)「〜と／ほたるたち」のあとに「は言う」などの言葉を補って考えられます。

アドバイス

詩のリズムを味わうには、音読が効果的です。音読することにより、くり返しの表現にも気づくことができます。

12 ようすを 考える　52〜53ページ

標準クラス

1 (1)(見てちょうだい)と あっちこっちに声をかける
(2)(れい)みんなに 見て もらいたいから。

2 (1)・けんかをする
・おやつをたべない
(2)おなかとせなかがくっつく

3 (1)①海の ②白い ③つないだ

指導のポイント

1 木の実が(見てちょうだい)と自分の気持ちを語っていることを読み取りましょう。秋は木の実がきれいな季節であることも知識として押さえておきましょう。

2 子どもの視点で書かれた詩です。(1)連の冒頭に「どうしておなかがへるのか」という疑問が、二行目に、子ども自身が考えた理由が書かれています。(2)「おなかとせなかがくっつく」というのは、空腹時の、胃が空っぽになり厚みがなくなったような感覚を表した比喩です。

3 波打ち際の、白い泡の立つきめ細かな波の様子を、手にたとえています。「ひらく」「なげる」「かこむ」という動きにも着目して、様子を読み取りましょう。(1)各連二行目に「手」の様子を詳しくする言葉があります。

ハイクラス　54〜55ページ

1 (1)イ
(2)雪が まだ すこし のこって、しんとして いる。
(3)①竹やぶの そば ②ふきのとう
(4)雪

2 (1)ぞうさんと ぞうさん
(2)木の かげ、いわの うしろ、しげみの中
(3)はな、耳、おしり

指導のポイント

1 (1)「雪が まだ すこし のこって」いてしんとした中、春を告げる「ふきのとう」の小さな声が聞こえてくる様子から、春のはじめだとわかります。(2)七〜八行目の描写を読み取りましょう。(3)「竹やぶの そばの ふきのとうです。」から分かります。(4)まだ冬の気配が残っている竹やぶで、「ふきのとう」が雪の下から外へ出ようと頑張っている様子を想像しましょう。

2 二頭のぞうが、かくれんぼをしていますが、大きな耳やおしり、長い鼻がじゃまをして、なかなかかくれるところがみつかりません。かくれる方のぞうさんは、一生懸命にうろうろとかくれるところを探していますが、おにの方のぞうさんは、なかなか探しに行けなくて暇になり、あくびをしているという、おもしろい様子を読み取りましょう。

アドバイス

詩は短く、使われている言葉も少ないので、一つ一つの言葉の意味を正しく理解し、一枚の絵や写真を再現するように、描かれている光景を頭の中に思い浮かべることができるようにしましょう。

13 だいじな ことを 読みとる　56〜57ページ

標準クラス

1 (1)・そらで うまれた ・くもの おとうと

(2)・うれしそうに　・なつかしそうに

2
(1)いのち
(2)(ぼく)ア・(きみ)ウ
(3)ウ

指導のポイント

1 小鳥が空を飛ぶ様子が、空や雲に肉親のような親しみを感じているかのように見えることを表現した詩です。(1)実際には小鳥は、空で生まれたものでも、雲の弟でもありません。そう見えるということなので、これが小鳥をたとえた表現といえます。(2)小鳥が空を飛ぶ様子を「うれしそうに　とぶよ／なつかしそうに　とぶよ」と表現しています。

2 (1)小さいてんとうむしも、大きいぞうと同じ命を持っているという尊さを学べるとよいでしょう。(2)詩のすべてが、てんとうむしの語り口調で構成されています。てんとうむしが、読者である子どもたちに語りかけていることを想像し、内容を読み取りましょう。(3)「ぼくをみつけたら　こんにちはって　いってね」から、てんとうむしが、読者である子どもたちと、仲よくなりたいと考えていることがわかります。

ハイクラス　58～59ページ

1
(1)かあさんの　やわらかいむね
(2)おやすみ、くらやみ
(3)音

(4)(れい)どんなに　こわい　ものが　やってきても、かあさんが　いて　くれれば安心できる。など

2
(1)①ハンカチ
②とべない　ちょうちょ
(2)風ふく　のはらの　くさの　上
(3)①白い　ちょうちょ
②風の　子どもの　ハンカチ

指導のポイント

1 夜、いろいろな想像をして眠れない子どもが、お母さんがいてさえくれれば安心して眠ることができるということを作者は詩にしています。内容は理解しやすいですが、設問となると難解に感じるかもしれません。このような設問は、自分の言葉で解答を作る練習になります。白紙にせずに積極的に取り組みましょう。

2 白いちょうちょとハンカチの両方の立場にたって、お互いに相手を自分の仲間だと思っていることをよんだ詩です。「だれが」「何を」「どうしている」のかを、ていねいに読み取るようにしましょう。(1)第一連は、「ちょうちょ」の視点から書かれています。ここから読み取りましょう。(3)第二連は「ハンカチ」の視点から書かれています。

チャレンジテスト④　60～61ページ

1
(1)①おおくわがた　②かぶとむし
(2)(れい)(「ぼく」もむっちゃんも)おとなに(おおきく)なって　いるから。
(3)(れい)おおきく　なっても　なりたい　ものに　かならず　なれる　わけでは　ないと　いう　こと。
(4)かぶとむし

2
(1)ばった
(2)ばっただから(ね)

指導のポイント

2 同じ文や言葉のくり返しを使って、たいへんリズムよく読める詩です。草と同じ色なので、草の中でじっとしていれば見つからないのに、ぴょんととびはねてしまうばったの様子を読み取りましょう。

アドバイス

詩の中には、リズムを大切にして、読む楽しさをねらったものがあります。同じ文や言葉のくり返しにより、リズムを作ったり、強調したりしています。物語的な詩でも、少ない字数で的確に様子や内容を伝えるために、作者はよりよい言葉を選んで作っています。その言葉のもつ意味をとらえて、想像力を働かせることができるようにしましょう。

14 せつ明文　じゅんじょよく　読む

標準クラス　62～63ページ

1
(1)(右から)4、2、3、1

2
(1)(右から)1、4、2、5、3

指導のポイント

1 ホウセンカの花の説明のあと、どのようにして種が散っていくかが述べられています。明確に「まず」「つぎに」と書かれてはいませんが、正確に読み取ることによって出来事を順序よくとらえることができます。「やがて」の前後で状況が変化していることもヒントになるでしょう。
2 クロオオアリが活動する様子を読み取り、どのように巣を作ってえさを運んでくるのか、様子を想像しながら読むようにしましょう。

ハイクラス　64～65ページ

1
(1)(れい)水鳥たちが、いっぱい　わたってくる。
(2)三万ば　いじょう
(3)①(しょうないへい野の)上池
②カモたちが、夕方、らんぶしながらとび交って　いる。
(4)ウ
(5)①マガモや　コガモ
②コハクチョウや　オオハクチョウ
③ヒシクイや　オオヒシクイ
(6)外てきから　みを　まもり、あん心してすごせる　ねぐら。
(7)①(広大な)しょうないへい野の　たんぼや川。

②おちぼ、水草、カエル、フナ、ドジョウ　など

指導のポイント

1 十月から十二月にかけて、庄内平野の上池と下池にたくさんの水鳥たちが渡ってくることが、順に書かれています。渡ってくる時期と、鳥の種類、どのような動きをしているかをていねいに読み取りましょう。(1)「秋、十月に　なると、……水鳥たちが、いっぱい　池に　わたって　きます。」とあります。(3)①下池は含まず、上池を「水鳥たちの楽園」と呼んでいることに注意しましょう。②十一月頃に上池に集まったカモたちが「らんぶしながら　とび交って」いる様子を「水鳥たちの楽園」と表しています。(4)前の事柄に加えて、順につないでいくつなぎ言葉、「そして」があてはまります。(5)上池と下池に渡ってくる鳥を、順序よく読み取ります。十一月頃に見られる「水鳥たちの楽園」は上池のみの話なので区別しましょう。(7)最後の段落の記述から読み取りましょう。

アドバイス

説明文では、「どんな事柄」が「どのような順序」で書かれているのかを読み取ることが大切です。接続詞や話の要点の移り変わりをきちんととらえて、順序よく読むことができるようにしましょう。

15 まとまりごとに　読む

標準クラス　66～67ページ

1
(1)原子力の　エネルギーの　ねんりょう
(2)(れい)おもい　星ほど　明るく　かがやくので、はやく　ねんりょうを　つかいはたして　しまうから。
(3)四十　(4)イ
(5)(れい)まだ　生まれて　二おく年　たって　いないから。
(6)ウ　(7)②→①→③

指導のポイント

1 重い星、軽い星という大きな枠組みの中で、具体的におおいぬ座のシリウス、太陽、おうし座のプレアデス星団の星をとりあげています。前半のまとまりは重さ、燃料の量を、後半のまとまりでは光る期間を比較しながら説明しているので、順を追って内容を理解していくことが重要です。(1)「おもい　星は、原子力の　エネルギーの　ねんりょうを　たくさん　もって　いるので」とあります。(2)「おもい　星は、……じつは、はんたいに　みじかいのです。」のあとに「それは～からです。」と理由を表す表現があることに注目します。(3)設問文をよく読んで、「二ばいも　ねんりょうを　多く　もって　います。」と取り違えないように注意しましょう。(4)燃料は太陽の二倍も多い。だからといって、太陽より長く輝くか

といえばそうでなく、四十倍も余計に燃料を使うので、太陽の二十分の一の早さで燃料を使い果たしてしまう。」と、前の内容と逆の内容をつなげるので、「でも」があてはまります。(5)最後の文に着目しましょう。「二おく年しか　生きられない星」は「おうし座のプレアデス星だんの　星」のことです。(6)「おおいぬざの　シリウスは　太ようの　二ばいも　おもい　星」ということは、太陽はシリウスの半分の重さだということです。(7)後半にそれぞれの星の輝く長さが書かれています。

ハイクラス　68～69ページ

1 (1)①日本・中国　②インド　③ヨーロッパ・アメリカ・オーストラリア
(2)①フォークと　ナイフを　つかう。
②手で　食べる。
(3)「おぎょうぎ」
(4)(あ)すすんで　いった
(い)すすめて　いった
(5)ア

指導のポイント

1 【　】の部分は、口に食べ物を運ぶ方法（食べ方）は国や地域によって異なり、だいたい三つに分けられることを説明しています。二段落目からは、手で食べることについて、どう考えればよいか、筆者の意見が述べられています。(3)次の文に「手で　食べる『おぎょうぎ』が　あったんだ」とあります。同じ内容を言い換えていることに気付きましょう。遅れているわけではないことを説明するために、手で食べるのにもはしやフォークと同じようにきれいにおいしく食べるためのお行儀があるということが書かれている部分です。(4)「おくれている」の文中での対義語として、「すすむ」という言葉に「　」がつけられています。[い]の上の「方ほうを」という言葉につなげて自然なのが「すすめて　いった」なので、こちらが「すすめて　いった」だとわかります。(5)アの内容が、本文の要旨と言えます。

アドバイス

書かれている内容をきちんととらえるためには、段落ごとの要点を読み取ることが大切です。説明文から正しい知識や情報を得るためにも、まとまりを考えて読んでいくようにしましょう。

16 だいじな　ことを　読みとる

標準クラス　70～71ページ

1 (1)(どんぐりには、)えいようが　たくさんあるから。
(2)(つめたい　風が　ふきだし、しもが　おりるように　なると、)しもに　当たること。
(3)どうぶつに　食べられず　めを　出し、しもにも　あわなかった　どんぐり

2 (1)①りょうが　少なく　なり
②あれはてた
(2)①くき　②太く　かえた
(3)(れい)わずかな　雨でも　水を　すいあげ、太い　くきに　水を　たくわえて　おける　ところ。

指導のポイント

1 どんぐりのなかでも、芽を出し、春を待てるのは、本当にわずかな運の良いものだけであることが示されています。どのようなことを乗り越えていかないといけないのか、正しく読み取るようにしましょう。(1)次の文に理由を表す「から」があることに注目しましょう。(2)「しもに　当たった　めは、かれて　しまいます。」とあります。(3)動物たちに食べられなかった→芽を出した→芽が霜に合わなかったと、いくつもの条件を乗り越えなければ、どんぐりは春を待つ状態になれないことを読み取りましょう。

2 サボテンが、変化する環境に適合して生き残ることができたのはなぜかが述べられています。どの部分を何のために変化させたのかを正確に読み取るようにしましょう。(1)(2)段落の要点をまとめる問題です。文章の中で大事なことが何なのかをよく読み取りましょう。(3)サボテンが体の形を変えたことによって、できるようになったことが、特徴と言えます。

ハイクラス　72～73ページ

1
(1)草の　大けんきゅう
(2)・切れやすい　はっぱや　草の　とげ(から)
・強すぎる　太ようの　光(から)
・木のえだや　上から　おちて　くる　木のみ(から)
(3)ウ
(4)(れい)のぞきこむだけで、おもしろい　はっ見が　あって　楽しく　なるから。

指導のポイント

1 草の観察に出かけるときの注意事項が書かれています。なぜその準備が必要なのか、それがあると何ができるようになるのかを関連付けて読み取るようにしましょう。自分の体験と重ね合わせて読むと、よりわかりやすくなります。(2)「まず　大切なのは、ふくそう。」と、服装とその目的が書かれていることに注目しましょう。三つのまとまりで答えることにも注意が必要です。(3)文章に出てきた必要なものにしるしをつけながら読んでみましょう。

チャレンジテスト⑤　74～75ページ

1
(1)①まだ　明るい　(西の)空　②三日
(2)東
(3)①だんだん　大きく　ふとる、まん月、はんたいがわから　かける
②ア→ウ→エ→イ
(4)(れい)地きゅうに　いちばん　近い　星だから。
(5)太ように　てらされて　光る。
(6)エ
(7)四(月)十(日)

指導のポイント

1 月の満ち欠けの様子を説明した文章です。月が地球の周りをまわるということをまだ理科で習っていないので、文章だけではイメージしづらいかもしれませんが、三日月がどのように満月になり、その後、どのように欠けていくかを想像したうえで問題に取り組むとよいでしょう。近年、図と文章の関連を読み取る力が求められるようになっているので、こうした問題で正解できるように練習しましょう。(3)月の形の変化を順序よく読み取りましょう。読み取った内容から月の形を具体的にイメージできるようにしましょう。(4)「それは～だからです。」と理由の表現があります。(6)注記の部分に「しん月」の説明があるので、ここも注意して読みましょう。月が太陽と同じ方向にあるときを新月と言い、地球から月の光っている面は見えません。

アドバイス

説明文では、段落に着目して、まとまりごとに何が書いてあるかを考えるようにしましょう。そして、順番や時間などが順序よく書かれているので、整理しながら読み取るようにしましょう。

いろいろな　文しょう

17 生活文

標準クラス　76～77ページ

1
(1)①このまえの　日曜日　②まさとくん
(2)小さな　雪の　玉
(3)(れい)ぼくの　玉の　ほうが　大きかったから。
(4)①だいどころ
②こちこちに　なった　しょくパンの　みみ

2
(1)前がみを　のばした　ままに　して　おきたかったから。
(2)・シャキ　シャキと、毛を　切る　音。
・はさみが　ひやっと、ひたいに　当たること。

3
(1)①よしおくん　②池　③おたまじゃくし
(2)うしろ足の　出たのや、おの　つけねの　ふくれたのや、まだ　小さい(おたまじゃくし)

指導のポイント

1「いつ」「どこで」「だれが」「何をした」ということを、ていねいに読み取るようにしましょう。(2)(3)雪だるまの作り方を想像しながら読み取りましょう。

2 わたしの気持ちが素直に書かれています。お母さんの言葉で「しかたなく」前髪を切ることになったときの様子や気持ちを、正しく読み取るようにしましょう。(1)「～ので」という表現に注目しましょう。(2)問題文では、音を聞くこと、肌に触れることを

まとめて「かんじる」としています。目、耳、鼻、舌、皮膚を通じて外の物事を感じる視、聴、嗅、味、触の感覚「五感」についてとその表現を知っておくとよいでしょう。

ハイクラス　78～79ページ

1
(1)(れい)火じか　地しんの　どちらの　ひなんくんれんなのか　わからないから。
(2)火じ
(3)ぼうさいずきんを　かぶって、ハンカチで　口を　おさえた。
(4)(れい)手つだって　あげないと　もみ山くんが　ひなんできないと　思ったから。
(5)イ
(6)(れい)本当の　火じだったら　たいへんだったと　思った。
(7)イ

指導のポイント

1「ぼく」の「したいこと」と「しなければいけないこと」を区別して読み取り、ぼくが迷っている様子と理由もあわせて理解しましょう。(1)「だから、　ほうそうが　はじまると、きんちょうして　耳を　かたむけます。」とあるので、その理由は前に書かれています。(4)「手つだって　あげないと」の後に続く内容も想像して答えましょう。(6)「木村くん」は「ぼく」のことです。次の文や、「先に　行って　ごめんね。」から、先生の指示で「ぼく」が先に避難したことが読み取れます。(7)「手つだって　あげないと」と思いつつも、もみ山くんに「先に　行って　いいよ。」と言われ迷っていたのです。

アドバイス

生活文とは、暮らしのなかで起こったできごとや、仲間（家族・友達・先生）について、感じたこと・考えたことを書いた文章です。生活文を読み取る力は、生活文を書く力にもつながります。細かい表現に気をつけて、書かれている内容を詳しく読み取ることができるようにしましょう。

18 日記

標準クラス　80～81ページ

1
(1)十一(月)十二(日)
(2)①にいさん　②林
(3)イ
(4)小さい　えだ、　木のは
(5)口から　出した　糸で　はや　小えだを　くっつけて　作る。
(6)なぜ　みのむしと　いうのかなあ

2
(1)①午前十時
②お父さんと　お母さん
(2)(れい)すいかの　たねを　ふいて　だれが　一番　遠くまで　とばせるか　きょうそうする。など
(3)二い
(4)・ひこうきから　ふじ山が　見えたこと。
・おばあちゃんの　家で　すいかのたねとばしを　したこと。

指導のポイント

1日記の主な事項、「いつ（何月何日）」「何をした」を確実に読み取りましょう。「うち」の意味がわからなくても、文章を読んでいると、みのむしの巣であることが読み取れます。(6)「と」に注目しましょう。「と思いました。」の「と」の前が考えた内容です。
2(1)おばあちゃんの家への移動についてはじめにまとめて書かれています。(2)「思いっきり　ふきましたが」から、すいかの種を口から吹いて飛ばす競争だと分かります。(3)登場人物を整理して考えましょう。(4)前半と後半で二つのテーマについて書いてあることを読み取りましょう。

ハイクラス　82～83ページ

1
(1)①八月二日　②夕方四時
③小鳥公園
(2)①(れい)ぼんおどりを　おどって　いる人たち。
②(れい)(先生が、)おまつりで　どんなことを　するかを　入れると　わかりやすいと　言った（から。）
(3)イ
(4)(れい)「ぼく」の　ポスターが　よく書けて　いたから。

(5)(れい)たくさんの　人に　おまつりに　行きたいと　思って　もらうため。

指導のポイント

1 夏祭りのポスターを書いたことと、後日、それを母親に見てもらったこと、二日分の日記です。(2)先生の注意にそって、必要な情報を盛り込んでいます。(3)色使いにも注意して仕上げています。夜の感じを表す色と、その色と合わせて用いると目立つ色を考えましょう。(5)二日分の日記に共通して、たくさんの人にお祭りに来てもらいたいという思いが書かれています。

アドバイス

生活文や日記は、自分で書いた経験が多く、読みやすい文章です。何が起きたかだけにとらわれず、書いた人の気持ちや考えたこと、言いたいことも読み取るようにしましょう。

19 手紙

標準クラス

84～85ページ

1
(1)かんな(から)おじいさん(へ)
(2)夏休みに(長い　間)おせわに　なったこと(の　おれい。)
(3)(九月二十八日の)学校の　うんどう会を見に　来て　もらう　こと。
(4)九月十日

2
(1)①びょういん
②もうすぐ　たいいん　できる。
(2)では、早く　なおって、学校に　来てくださいね。

3
(1)③
(2)(こんどの　月曜日に)学校で　ひがん花の　しゃせいを　するから。

指導のポイント

1 手紙文では、初めに「○○さん」と相手の名前を書き、あいさつを述べてから、伝えたい文章を書くことが多くあります。終わりには、書いた日付と自分の名前、相手の名前も書きます。手紙の形式を理解しましょう。この手紙では、「夏休みには～見に来て　ください。」が伝えたい内容です。

2 入院中の友達へのお見舞いの手紙です。理科の時間のことも詳しく書いてありますが、はるかさんに一番伝えたかったのは「早く元気になってほしい」ということです。「何のために書かれた手紙なのか」を読み取るようにしましょう。

3 おばさんの家にひがん花をもらいに行くことを知らせる手紙です。(1)相手にとって一番必要な情報を伝えることが、一番大事なことです。いつ行くのかを伝えなければ、相手は用意ができないことを想像しましょう。「何を知らせるための手紙なのか」を考えて、読み取るようにしましょう。

ハイクラス

86～87ページ

1
(1)①北海道　②京都
(2)おとなしくて、やさしい　目を　している。
(3)(れい)山や　草原が　広がって　いて　空気が　おいしい　ことを　早く　つたえたかったから。
(4)ひろこさん、お元気ですか。(または、)ひろこさんは　馬に　のった　ことが　あったよね。

2
(1)三か月前
(2)①シロ　②雪のように　白い　毛(がふさふさ)だったから。
(3)ぼくが　だっこしても　ずしんと　かんじます。
(4)五ひき

指導のポイント

1 旅行先から友だちにあてて書いた手紙です。自分が経験したことや感動したことを話しかけるように書いています。知らせたいと思うことを、心をこめて書いている気持ちを読み取りましょう。(3)「この　ことを　早く　つたえたくて」とゆりえの気持ちが書かれています。(4)文末の表現がほかと違う文を探しましょう。

2 おばさんへのお礼だけではなく、もらった子猫がどのくらい成長しているのかを伝えるために書かれた手紙です。自分の家にもらってきた猫だけではなく、おばさんの家に残った猫たちの様子も気にかけている様子がわかります。(3)「ずしんと　かんじます。」とあります。(1)「三か月が　たち」とから子猫が成長し、体重が重くなったことを読み取りましょう。

アドバイス
手紙を書く機会は少なくなってきており、読む機会も減っています。しかし、きちんとした形式を知り、使えるようにすることは、大切な力です。用件のよくわかる手紙を書くためにも、書き方の手本となるような手紙を読み、内容を正しく読み取ることができるようにしましょう。

20 話し合いの文

標準クラス 88～89ページ

1
(1)五人
(2)なわとび
(3)だれが　つなを　もつか　きめる　ため。

2
(1)①六日　②三・四時間め
(2)①(れい)三かしょしか　行けない　ことに　ふまんを　言ったから。
②(れい)かんけいない　話を　したから。

指導のポイント

1 「だれが」「どんなこと」を言ったかに着目して読み、話し合いの流れをつかみましょう。(1)何人の人が話しているか、数えて、場面を想像しましょう。(2)おにごっこを提案したまことさんも、後からなわとび遊びに同意しています。

2 「何について話し合っているか」に気をつけて、話し合いの内容を読み取るようにしましょう。また、発言の仕方や、話の聞き方など、話し合いのルールやマナーについても理解するようにしましょう。先生が議題を挙げて、生徒の一人が進行係をしながら話し合いをしています。「何について話し合っているか」に気を付けて、内容を読み取るようにしましょう。(2)けんたくん、まさおくんの発言に対する先生の発言から、発言の仕方や、話の聞き方といった話し合いのルールやマナーを理解しましょう。

ハイクラス 90～91ページ

1
(1)四人
(2)・つくえと　いすを　ととのえる　しごと。
・ロッカーを　せい理する　しごと。
・本だなの　本を　ならべる　しごと。
・くつばこの　くつを　そろえる　しごと。
(3)(れい)くつばこの　くつを　そろえる　当番が　週に　二回　まわって　くる　こと。
(4)青木さん(と)石田さん
(5)①林さん
②ロッカーを　きれいに　しましょうと　いう　ポスターを　作ろうと　いう　いけん。

指導のポイント

1 整理整頓係の仕事について、四人で話し合っています。「そうだね。」「それはいいね。」と友だちの意見を認めたり、「いや、いいよ。」と自分の主張をしたりしていることから、議論が活発に進んでいることがわかります。司会の人を中心にもめることなく話し合いが進んでいます。(1)話し合っているのは、整理整頓係の四人です。(3)下山さんは週二回、くつばこの整理の仕事をすることになり、他の人より一回多くなります。(5)青木さんは直前の林さんの発言に対する意見を言っています。

アドバイス
話し合いの文では、話し合いの人数や場所(場面)をしっかり読み取ること、どのような意見が出て、結論はどうなったか、といった議論の移り変わりをしっかりつかみましょう。
実際の話し合いのときには、音声言語なので、ゆっくり内容を考えることができません。文字で書き表したものを読んで、きちんと内容が伝わるのかを考えることが大切です。

チャレンジテスト⑥ 92～93ページ

1
(1)一りん車の　あそび方に　ついて。
(2)いつも　きまった　人が　のって　いる　こと。
(別解)走るのが　とくいな　人や、じゅぎょうの　かたづけが　はやい　人ばかりが　一りん車を　つかって　ふこうへいな　こと。
(3)(れい)人の　話を、おわりまで　よく　きく。(きいてから、手を　あげ、名まえを　よばれてから　話す。)
(4)(れい)自分には　かんけいないと　いう　たいどを　とったところ。
(5)高田さん(と)石川さん

(6)出せき番ごうの　じゅん番に　一りん車を　つかう　人を　きめること。
(7)ウ

指導のポイント

1話し合いでは、人の意見を最後まできちんと聞くことが大切です。どんな議題でも、自分のこととして考える姿勢が大切だと知っておきましょう。また、話し合いの中で、「だれが」「どんな」意見を持っているのかを読み取るようにしましょう。(1)話し合いでは、はじめに進行係から議題が発表されることが多いです。(2)先生の質問に答える山田さんの発言から読み取りましょう。(3)(4)小池さん、町田さんの発言の後、先生が注意している言葉から読み取りましょう。(5)高田さんが使う人を順番に決めたらいいという意見を出し、石川さんがその意見を発展させています。(6)話し合いのときは、いろいろな意見と、それが良いと思った理由をよく聞くようにして、決定するのが望ましいでしょう。

アドバイス

生活文や日記では、「いつ」「だれが」「どこで」「どうしたか」が、はっきり読み取れるようにしましょう。また、様子を詳しく書くため、いろいろな方法が使われているので、「何の」「どのような」様子を表しているのかも考えましょう。手紙文や話し合いの文では、形式やルールを理解しながら、伝えたいことや話し合いたいことを読み取りましょう。

21 文しょうを書く　手紙

標準クラス　94ページ

1 (1)はまの　みか(から)おばあちゃん(へ)
(2)①(れい)お母さんに　自てん車の　うしろを　もって　もらって　自てん車に　のる　れんしゅうを　しました。
②(れい)一人で　自てん車に　のれるように　なりました。
(3)おばあちゃんへ

指導のポイント

1 (1)(3)「19　手紙」で学んだ、手紙の形式を思い出しましょう。(2)①「まだ　のれなかったので、」に自然につながる文章を書きましょう。②前の内容につながるように書きましょう。

ハイクラス　95ページ

1 (1)(れい)はじめまして。ぼくは　かすが小学校　二年一組の　中西こうじと　いいます。
(2)・はしご車を　見せて　もらう　こと。
・しょうぼうしさんの　話を　聞く　こと。
(3)(れい)同ふうした　はがきに　へんじを　書いて　とうかんして(ポストに　入れて)ください。

指導のポイント

1消防署へ見学の依頼をする手紙です。こちらの希望と、相手が知りたいと思われる情報を正確に伝えることを意識しましょう。(1)前書きとは、手紙の用件の前に書く、季節の挨拶や相手の安否を気遣う言葉などの、前置きのことです。問題のように、はじめての相手に手紙を書く場合は、「はじめまして」という挨拶と自己紹介は必ず入れましょう。(3)メモの三つ目の項目が手紙に書かれていないので、これを手紙にあう文に直して書きます。

22 友だちの ことを しょうかいする

標準クラス　96ページ

1 (1)①一年生に　なる　とき。
②お父さんと　お母さんと　弟の　四人家ぞく。
③ピアノを　週に　三日。このまえの　はっぴょう会で　一いに　なった。
④とても　やさしい。
⑤ピアノの　先生に　なる　こと。
(2)(れい)竹本さんが　三うらさんを　やさしいと　感じた　れいを　あげると　よかった

ハイクラス　97ページ

1
(1)①久ぼゆりさん
②(れい)名前の　ゆらい(なぜその　名前に　なったのか)に　ついて。
(2)イ
(3)(れい)久ぼさんの　名前は　「ゆり」です。お母さんが、ゆりの　花が　すきだから、そう　名づけられました。この　名前には、ゆりの　花の　ように、まっ白な　きれいな　心を　もった　人に　なって　ほしいと　いう　ねがいが　こめられています。久保さんも、この　名前を　気に入っていて、ゆりの　花も　好きだそうです。

指導のポイント

1 授業の一環で、二人組になってインタビューをしている場面を想像しましょう。友達のことを紹介するときは、その人のことや気持ちを詳しく知るため、事前によく話を聞くのがよいでしょう。(2)インタビューをするときは、メモの準備をし、相手が話しやすいように聞く態勢になっておきましょう。

23 あそびの　ルールを　せつ明する

標準クラス　98ページ

1
(1)(れい)みんなで　休み時間に　あそべるから。
(2)ウ
(3)①ウ
②(れい)しりとりと　同じだけでは、お絵かきしりとりの　やり方が　わからないから。
③(れい)前の　絵の　さいごの　字から　はじまる　ものを　絵に　かいて、つぎの　人に　見せます。このとき、何の絵なのか　しゃべっては　いけません。

指導のポイント

1 遊びのルールを説明する場面は、学校生活でも経験することでしょう。一緒に遊ぶ人が正確にルールを理解し、楽しめるように説明できるようにしましょう。(3)ウは遊びの中心となるやり方、そのほかの項目は、その注意点と考えられます。遊びの中心となるやり方は初めて遊ぶ人にもわかるように、特に丁寧に説明しましょう。

ハイクラス　99ページ

1
(1)イ
(2)(れい)切れ目に　わゴムを　ばつに　なるように　ひっかけます。
(3)(れい)(紙コップの　口は　少し　ぶあつくて　切りづらいので、)けがを　しないように　気を　つけて　ください。

指導のポイント

1 紙コップロケットの作り方の説明です。(1)作る順番を、「まず」「つぎに」「さらに」とつなぎ言葉を使って三段階で説明します。(2)ロケットの動力となる部分の説明です。輪ゴムをどのような形にしたらよいか丁寧に説明しましょう。

チャレンジテスト⑦　100～101ページ

1
(1)(れい)せかいの　じゃんけんに　ついて
(2)(れい)せかいの　あそびには　いろいろな　しゅるいが　あるのでは　ないかと　思ったから。
(3)①パウィ　②カウィ　③ポ　④ズーム　⑤ワン　⑥ツー
(4)せかいにわ→せかいには／よつて→よって
(5)(れい)かん国の　グー、チョキ、パーには　どのような　いみが　あるのかと　いうこと。
(6)(れい)手の　形を　人数などに　よって、三しゅるいと　五しゅるいで　つかい分けること。

指導のポイント

1 日本のじゃんけんと世界のじゃんけんを比較した文章です。石井さんの考えたことと、調べたことを読み分けましょう。(6)単に「手の形」と答えるのではなく、場合によって使い分けることを文章にして説明します。

アドバイス

文章を書いたときは、文字の間違いや抜けがないか自分で読み返してみるようにしましょう。人にも読んでもらい、わかりにくい点などを言ってもらうことも、文章を書く練習をするうえで大切です。

そうしあげテスト　102～104ページ

1 (1)こわく
(2)・ひでやが　たすけてーと　言ったから。
・たすけないと　ひでやが　けがを　してしまうから。
(3)(ひでやが　おとした)しゃぼんだまのどうぐ。
(4)(れい)おにの　子が　ひでやを　たすけて　くれたし、小さい　おにの　子は　ひでやが　おとした　しゃぼんだまの　どうぐを　わたして　くれたから。
(5)おにたち
(6)(れい)ほんとうは　どちらも　こわくないのに、にんげんは　おにを　こわがって　いて、おには　にんげんを　こわがって　いる　ことが　わかった　から。
(7)ア

2 (1)エ　(2)ア
(3)ぐるっとまわる
(4)②(れい)じめんに　家が　ぶらさがって　いるように　見えたから。
③(れい)空まで足が　とどいたような　気が　したから。

指導のポイント

1 ひでやと鬼の子たちが、お互いをこわいものと思っていたところから、誤解が解けて打ち解け合う場面です。(1)「おにだ！　どうしよう。」から、ひでやが鬼をこわいと思っていることがわかります。(2)「おにの　子が　どうして、ぼくを　たすけて　くれたの？」に対する返事から読み取りましょう。(4)ひでやが「こわい」と思っていた考えを変えたわけはこれより前の鬼の子たちの行動から読み取れます。(6)ひでやが笑って言った会話文に注目しましょう。(7)鬼の子たちとひでやの会話から、ひでやが鬼を怖くないと思ったの同じように、鬼の子たちも友好的に接してることがわかります。ひでやが笑って「わかった！……ほんとはこわくないのにね」と言ったことに対し、同意して笑っているのです。

2 鉄棒で回るときに体がさかさまになり、見える景色が変わることの面白さをうたった詩です。(2)地面に家がぶらさがっている状態の絵を選びましょう。(3)第一連と第二連で同じ言葉がくり返されていることに気付きましょう。(4)普段ではありえないことが起こったから、驚いているのです。詩の中からわけを探しましょう。